U0600378

量亲密关系养成指南

吵是很爽，但还是想吃吃爱情的苦：

夫婦脳：夫心と妻心は、なぜこうも相容れないのか

〔日〕黑川伊保子———著

小秋葵———译

中国 友谊出版公司

我们不是生来就懂得如何去爱的。

爱情也不会像魔法一样改变你，但是爱情能在你是个什么样的人的基础上发功用力。

——简·奥斯汀《理智与情感》

前言

男女有别，以科学的方式谈恋爱

　　男女的大脑不一样，就科学而言，生殖适合度（双方的遗传基因适合度）与个体适合度是成反比的。然而，男女却偏偏会因为生殖适合度高而彼此吸引陷入恋爱，所以越是爱到无法自拔的两个人，其实个体之间的适合度就越差。

　　生殖适合度取决于基因免疫抗体的类型，这会决定生物本身的反应模式。例如，当人突然听到爆炸声时，会迅速跑开还是原地不动？男女在这种无意识的情况下做出的反应会有所不同。如此一来，至少能保证有一方能存活下来，遗传给后代的基因组合也会增加。虽然这种组合在生物学上十分合理，但从心理学角度来看，就会经常发生其中一方做出让另一方意外的行为，因此两人容易产生摩擦，使人心生不快。

举例来说，如果一方怕冷，另一方可能就怕热；如果一方比较神经质，另一方可能就少一根筋；某一方习惯从牙膏底端整整齐齐往上挤，另一方可能就是满不在乎地从中间乱挤……

也就是说，陷入热恋的男女只不过是可以提高后代存活率的组合，而不是可以幸福快乐牵手一生的绝佳组合。当然，由于双方必须进展到生殖阶段，因此在一段特定时期内不会挑对方的毛病。"情人眼里出西施"的甜蜜期确实是有的，不过一旦过了那段时期，就会忍不住开始叹气："这个人到底在想什么？""为什么事情会变成这样？"长此以往，另一半就会变成那个经常惹自己生气的人。这种事情明明是理所当然的结果，但世上许多民族都有婚姻这种契约，一再把频率不合的人成双成对地捆绑在一起。

这究竟是什么陷阱啊？

不过呢，其实只要不把恋人或夫妻关系想成可以幸福快乐一辈子的伙伴就没问题了。如果能换个角度，把对方想成随时随地会做出奇怪反应的优秀警报器，那么作为

"决定生死存亡"的求生伙伴，对方其实还是挺可靠的。

仔细想想，一部分人类能够远离战争与饥饿，过着有序清洁的都市生活，也不过是近百年的事。在百年以前，男女两人得先齐心协力想办法一同活下去，才有可能追求幸福快乐的生活。

或许是现代社会这种有序与安全的结构，让人误以为成为夫妻就可以幸福快乐一辈子，所以才刻意去探讨相反的案例吧。

如果是这种情况，二十一世纪的夫妻结构正迎来史上空前的危机。

除了讲述男女的差异，本书还会更进一步检视曾经相恋的男女的大脑的不同特点，探讨陷入热恋的男女如何长久相处下去的诀窍，也愿这本书可以成为二十一世纪所有情侣的幸福指南书。

目录

PART 1

男女定律

1

PART 2

3

Part 1

男女定律

恋爱是人生的试炼

个性越是水火不容，就代表生殖适合度越高，反而能证明这个婚真是结对了。我们与陷入热恋的对象之间，由生物体的反应差异性来看，个性上的适合度往往是最差的。

若从脑科学的角度来解读，恋爱并不是那么浪漫的事，反倒是相当严酷的人生试炼。

　　所有的动物，小至昆虫，大至人类，都会散发出信息素这种生殖荷尔蒙的体味。信息素虽然是由嗅觉细胞所接收的"气味物质"，但接收气味的受体与闻到食物或花香的不同，并不会经过显意识。换句话说，这是一种在不知不觉中闻到的气味。

　　信息素本身的功效，就是透过气味向异性传达基因讯息（免疫抗体的类型）。换言之，在发生生殖行为之前，确认彼此基因的生殖适合度是动物的本能。

　　免疫抗体的类型相差越远，生殖适合度就越高。理由是免疫组合越多，免疫抗体的多样性就越丰富，这样能提高后代的存活概率。

　　也就是说，动物一旦经由彼此的体味得知基因的免疫抗体类型，发现彼此的免疫抗体类型具有差异性，两人结合有可能达成优良的繁殖，便会对这个对象产生好感。这就是恋爱的核心。

免疫抗体的类型操纵着生物对外界的反应模式。免疫抗体的类型越相近，生物的反应越相似；反之，免疫抗体的类型相差越远，生物的反应越有可能是截然不同的。

换言之，当某处传来"砰！"的巨大声响时，一人在原地缩成一团，另一人拔腿就跑，就是男女之间可能会发生的事。像这样，双方采取不同的行动，才会有一方存活下来并将孩子抚养长大。

如果一方怕冷，另一方就怕热；一方神经质，另一方就少根筋；一方个性很爽快，另一方可能就很执拗……两人之间这种天差地别的个性特征，导致某一方不经意的行动在另一方眼里显得难以理解。

换言之，由于生物体的反应差异性，我们与恋人个性上的适合度往往是最差的。从自己的角度来看，对方的行动会显得相当难以理解。

原来是这样啊！

当我得知男女恋爱中的脑部反应时不禁如此感叹。因为我的老公是我认识的男性里面，我最无法理解的人。即使已经结婚二十四年了，还是时不时就会发生我怎么都想不通他为什么会那么做的事情。不过唯一可以确定的是，我曾经坚定地认为如果这个人死了，我想跟他一起入棺火葬，即便我现在已经不太明白当初为什么会那么想了。

说实话，我有很长一段时间都在烦恼，不知道自己结这个婚是不是正确的选择。但一想到我们个性有多水火不容，就代表生殖适合度有多高，反而觉得我这个婚真是结对了。

从此以后，只要老公做出令人难以理解的事情，我就会觉得，二十五年前陷入热恋的我们是多么可爱，也让我最近一直想对老公更温柔一些，可惜始终没能付诸实践……

再说一个恋爱的秘密。

演化至爬虫类以上的动物都有一种本能，当自己以外的个体太过接近自己时，就会在恐惧的驱使下感到不快，同时产生强烈的警戒心，担心对方是否有可能危害到自己。这是动物的大脑用来保护自己的基本功能。

散播基因的雄性在面对雌性时，不需要如此强势地划出警戒线，而在面对其他争夺地盘的雄性时则会如此。

反观生殖风险高的雌性，为了避免生殖适合度不佳的妊娠，在面对雄性时，她们的这道警戒线会发挥显著作用。

然而，这样下去将无法进展到生殖阶段，因此一旦信息素成功媒合，从发情的瞬间开始，雌性会在一次生殖所需的特定期间内，对自己的发情对象移除警戒线。

人类的生殖周期包括怀孕与哺乳期，大约是三年，因此女性陷入恋情后，只有三年会对交往的男性呈现"情人眼里出西施"的状态。如果三年内没有进入生殖阶段，她们就会突然开始挑剔起对方的毛病。

在恋情结束时，女人都会说"他变了"，但真正改变的，大多是女人的大脑。

"谈恋爱的时候，男人与女人谁比较认真？"曾经有人这么问我。我认为两者皆非。因为，能让女性移除警戒线的异性人数很少，所以在一定时期内，她们只会专注于与一个对象交往。不过那个开关会瞬间切换，如果在这之前没能顺利培养出更深厚的感情基础，两人的恋爱结果将惨不忍睹。男性这一方，则因为大脑的感性区没有锁定单个人为恋爱对象的功能，所以他们基本上都是处于来者不拒的被动立场，但也不会因为警戒解除时期结束，就突然强烈厌恶起对方。除非对方做了什么天理不容的事，否则对男性而言，感情也有可能像焖烧的柴火一样持续燃烧下去。

因此，如果想让恋情开花结果，请尽量在女性的警戒解除期间，也就是三年之内，培养出爱情以外的友情或敬爱之情。可以的话，最好结婚，因为只要结了婚，就算对方开始嫌东嫌西，也不能随便说散就散。

顺便一提，据说母亲对儿子一辈子都不会拉起警戒线。所以，就算是年过五十的儿子，母亲也依然会把他视为小孩照顾，还会理所当然地说："你跟小时候一样，一点都没变。"

因此，母亲的爱当然胜过妻子的爱。做妻子的，除非很努力讨对方欢心，否则很难拿来相提并论。

小节
划重点

从脑科学的角度来解读，恋爱并不是那么浪漫的事，反倒是相当严厉的人生试炼。因此，老公越是做出许多令人难以理解的行动，就越证明多年前陷入热恋的两人是多么可爱。

NO.2

共同旅行
就吵架定律

出门旅行的时候，话说得
越多，越容易鸡同鸭讲。
以最低限度的交谈默默相
伴，才是最佳策略。
男女平分了这世上的两种
才能，所以视线才总是没
有交集。

前几天坐新干线出差，结果车上除了我，其他全是游客。

外出旅游的人是很聒噪的，可能会吵得我无法工作，也无法闭目养神。原本打算在东京到名古屋的车程间校完一本书的我，顿时感到很沮丧。

然而，都过了新横滨站，车厢内依然一片寂静。我诧异地抬起头，才发现所有座位上都坐着六七十岁的夫妻。即使先生偶尔开口说话，太太也只是兴味索然地简短应答，聊也聊不起来。多亏如此，我的校对工作进行得非常顺利。

不过我还是暗自感慨，这些夫妻真是聪明的旅伴啊。这个年纪的夫妻，出门旅行的时候，话说得越多，越容易鸡同鸭讲。以最低限度的交谈默默相伴，才是最佳策略。

"富士山真美啊！""就是啊。"同车约三十对气质高雅的夫妻，其乐融融地欣赏着轮廓清晰的富士山，我要下新干线的时候，他们正互相为对方打开便当的盖子。车厢内弥漫着满足的气氛。

一般来说，如此琴瑟和鸣的夫妻是很难遇见的，大多熟龄夫妻在旅行时是会吵架的。例如这样的对话：

妻子："刚才那个红色的，买来当伴手礼怎么样？"

丈夫："那个？哪个啊？"

妻子："当然是入口那边红色的那个啊。"

丈夫："你说话没头没脑的，完全听不懂。"

妻子："……"（唉，烦死了！）

我想男性读者应该完全无法理解这段对话有哪里不妥吧？顺便一提，如果是女性之间的话，对话会是这样的：

"刚才那个红色的……"

"哦，那个啊，那个真的好可爱啊！"

"你也觉得是吧？要不要再去看一次？"

"好啊！"

女性朋友之间的对话会很顺畅，不会有卡住的时候。所以，一旦儿女不再陪同出游，母亲往往比较喜欢跟女性一起旅行。

熟龄夫妻出游时话不投机主要有两个原因，第一个是各自看的东西不一样。

男人与女人看东西的方法不同，女性倾向于仔细检视物体的表面，男性则更倾向于扫视整个空间。

女性脑仔细检视物体表面的特性，是上天赐给女性用来养育还不会说话的小婴儿的能力。一旦小婴儿的脸色有任何变化，她们都能立即察觉，食物新鲜度的变化也能及时发现。还有，老公说谎也逃不过她们的法眼（微笑）。

男性脑扫视整个空间的特性，是上天赐给男性用来认知空间与察觉危险的能力。在从前没有地图，也没有标志的年代，男人到荒野去打猎，之所以能够顺利返回，就是拜这个能力所赐。现代男人可以解读复杂的图面、组装机械，或是轻松倒车入库，也都是高空间认知力的体现。另一方面，他们容易忽略身边的事物，明明近在眼前的东西却可以坚称"没有看到"；他们更是一种打开冰箱以后，找不到妻子交代的东西，却能神准地翻出过期食物来惹怒妻子的生物。

因为男女双方平分了这世上的两种能力，所以视线才总是没有交集。出门旅行时，女人只会仔细检视眼前的东西，男人只会环顾周围的环境。如果到了熟龄，因为老花眼而缩小了彼此的视线范围，双方更不可能看到一样的东西，所以出现"刚才那个……"的对话时，两人才会鸡同鸭讲。

另外一个原因，无论什么东西，女人都希望对方能在自己的"着眼点"上产生共鸣，女人就是这样的生物。在探究"刚才红色的那个"是饼干盒还是储蓄罐之前，女人希望男人先尊重的是"我喜欢这个"这件事。所以，如果对方硬要探究"那个是哪个"的话，女人就会感到很沮丧。

不仅熟龄女性如此，年轻姑娘你一言我一语地嚷嚷"好可爱"，也是在发出"我在关注这个哦"的信号。此时只要回应她们"哇，真的呢"即可。拜托千万不要反问："哪里可爱了？"

熟龄妻子提起"刚才那个"的时候也一样。希望做先生的可以温柔响应："刚才那个哦，嗯……我好像看到了。你喜欢的话，要不要回去看看？"这是熟龄夫妻的旅行，比起赶行程，太太的心情更重要吧？

小节
划重点

3

女人只会仔细检视眼前的东西，男人只会环顾周围的环境。所以，当女人发出"我在关注这个哦"的信号，此时只要回应她们"哇，真的呢"即可。千万不要反问："哪里可爱了？"

NO.3

来自
女性脑的
情书

不要抱怨说什么女人说话
真的很难懂，其实这才是
她爱你的证明。察觉彼此
的情绪并产生共鸣，对女
性脑而言就是一种对话，
也就是所谓的沟通。

今天早上，我的右手小指撞到了厨房的岛台，疼痛来得措手不及。正巧看见儿子走进厨房，我便对他撒娇说："呜呜呜，我撞到手了。"没想到那个人竟是我的老公。我瞬间想到："这下完了。"

　　我会这么想是有原因的。结婚二十四年来，他从来不会在这种时候坦率接受我的撒娇。果不其然，我们的对话变成了这样：

　　老公："厨房岛台不是十年前就在那里了吗？为什么你到现在还会撞到手啊？"

　　我："为什么呢……因为我甩了一下手吧。"

　　老公："为什么你要在一大早六点就甩手呢？"

　　我："啥？为什么呢？为什么呢？啊，好痛。不过，我回答这种问题有什么意义吗？"

　　老公："我要知道理由才能想办法啊。"

　　我："办法？我只是希望听到你一句安慰而已啊。"

老公："听我的安慰有什么意义吗？"

唉，压力好大！当女人只是想撒娇的时候，男人好像总会多此一举地设法解决问题。尽管心里清楚是怎么回事，我还是叹了口气。

我暗自后悔不该把老公误认为儿子，随后走进客厅。我一边用眼神向老公示意，一边重复同样的台词给儿子听："好痛啊，我撞到手了……"

"你怎么了？"儿子捧起我的手，开始检查有没有伤口、手指还能不能动。接着他搬来一张椅子让我坐下，告诉我："早餐我跟爸爸自己解决就好，妈妈你就坐着休息吧。"哎呀，难怪我舍不得放开自己的儿子（微笑）。

老公瞧我一脸得意，便露出了不以为然的表情。

他甚至调侃儿子："亏你做得出这么虚情假意的事。"儿子不以为意地答："这跟有没有受伤没有关系，因为妈妈需要的只是心理上的安慰。"

儿子如此擅长这种事，当然都是我一手教出来的。老公遇到我的时候，男性脑早已定型，所以很难矫正。

女性脑的右脑（感觉区）与左脑（思考区，语言功能所在的区域）的联结远胜过男性脑，因此，大多时候女人能将她们的感觉立即化为语言。

女人可以一边吃着美味的烤鸡肉串，一边说："这美味多汁的鸡肉真是太好吃了，皮也好脆。""香辛料也很对味儿。""柚子胡椒？""对对对，就是那个！""可以吃到这么好吃的东西，我们也太幸福了吧。"

女人所感觉到的事情会立刻浮上显意识层次，不管是自己的情绪变化，还是对方的喜怒哀乐，她们都能很快地感受到。因此，察觉彼此的情绪并产生共鸣，对女性脑而言就是一种对话，也就是所谓的沟通。

所以，女人才会漫无目的地闲聊自己身上发生的大事小情，例如，现在吃的食物是什么味道，刚才差点在店门口摔倒，今天早上差点睡过头，等等。听者只需要简单应和即可。

就算女人说的是错的，也不要擅自帮她解决问题。除非女人主动说起："我有事想和你商量。""我该怎么办呢？"这就是女性对话的规则。

拜托了，可爱的男性脑啊，希望你们能够听听我们说话，温柔抚慰我们这些女性脑。不要总是催促我们说："到底是怎么回事？""你就不能先说结果吗？"

还有，女人说话不只是没重点而已，如果结婚超过二十年，代名词还会越来越多。例如，妻子会说："我说那个啊……"丈夫回答："那个是哪个？"在迈入第三十年之际，有时妻子说话时连这种基本的主语都会消失。

妻子："因为头晕，所以去了医院要求照MRI（磁共振成像）。"

丈夫："什么？那结果呢？"

妻子："结果啊，大夫说如果只是头晕，不用做详细检查。还说什么更年期障碍，但这样不是让人很担心吗？所以，就想尽办法做更详细的检查了。"

丈夫："所以结果是？"

妻子："……好像说是肝癌吧……"

丈夫："什么？！"

妻子："你干吗这么吃惊啊？你明明就跟田中太太的老公没那么熟。"

丈夫："啥？什么时候变成在讲田中先生了？"

妻子："我在检查室前碰巧遇到田中先生的太太啊，就是从那时候开始的。"

丈夫："还从那时候开始……（无语）"

这是一段实际发生在我朋友家的对话。顺便说一句，妻子的检查结果是正常的。各位男性读者肯定会说，既然这样，一开始直说不就好了吗？

其实从女性心理的角度来看，她们希望丈夫和自己一起回顾那个曾经感到紧张或不安的时刻。只要能和重要的人分享，即使是诉说过去式事件，同样也能安抚情绪。所以她们才会以充满临场感的方式，把事情从头讲述一番，并不是因为头脑不好才无法先讲结论。

除此之外，女性脑一旦与他人的一体感增加，就会不由自主地误以为对方也看到了自己在脑海中看到的东西。所以长期生活在一起的话，"这个""那个"等这类指示代名词会增加，主语则会消失。

由于女性与女性之间对此心照不宣，因此并不会对妈妈或女性朋友的"这个"或"那个"感到烦躁，即使突然改变主语也不会混淆。顶多就是冷静地反问："你现在说的是你自己的事吗？"然而，男人正因为不晓得女性脑的这种特点，所以很容易将她们的对话内容混淆。

所以啊，不要抱怨说什么女人说话真的很难懂，其实这才是她爱你的证明。

无法从结论开始讲起，或经常漫无目的地闲聊，这都是她很重视你，希望能够与你共享过去时光的证明。动不动就用"这个"或"那个"，省略主语，也是一体感很强烈的证明。这么一想，妻子那些令人摸不着头脑的话，是不是也变得可爱了呢？毕竟如果没有亲近感的话，我们女性脑也是可以表达得条理分明的。女性脑与男性脑之间，正是存在着这么一条"因为有爱，所以更深"的鸿沟。

本书也可以说是一本女性脑写给男性脑的情书，希望能帮助那些因为爱才会生气、剪不断理还乱的成人男女们。换句话说，就是为所有情侣或夫妻量身打造，共同探讨这道横跨男女之间"既可爱又可悲的鸿沟"。

读完本书，相信两人能够窥见彼此的些许不同，并相互理解，达成一致，就像黑白棋终盘，黑子全部翻成白子一样。

小节
划重点

无法从结论开始讲起，或经常漫无目的地闲聊，这都是她很重视你，希望能够与你共享过去时光的证明。

男人
为什么需要
自己的小天地？

对于"滔滔不绝的流水账"，男性脑是会感到压力的。他们一天至少需要三十分钟刻意维持的沉默。男性若没有放空的时间，将无法消除精神压力，在职场上也无法全力以赴。

男性杂志经常做"男人的小天地"特辑。英国绅士会造访"禁止女性出入"的酒吧，但其实他们也不是要做些什么会让太太发飙的事，只是一群男人在一起厮混罢了。

　　向田邦子的小说中，有这样一个中年男子私藏年轻小妾的故事。小妾年轻但不漂亮，说话也不大方得体，只是一个笨拙又带点土气的女子。但男主角就是因为她的"寡言"，才纳她为妾。后来，这名女子在都市的染缸中出脱得越发美丽，言行举止也越来越大方得体了。

　　她为了丈夫，努力变成了更好的女人。但男主角却莫名感到疲倦，开始往其他宅院跑……大概就是这样一个故事。其中精准地描写出了男女的差别。

　　宁可躲进自己的小天地，逃离完美妻子的男人，跟寡言笨拙的女人相处反而更自在的男人，真实地反映了男性脑迫切的真心话：我们需要"放空的时间"。

　　女性脑的右脑（感觉区）与左脑（语言功能所在的区

域）联结佳，能轻易将自己的感觉马上转化为语言。所以女人总是滔滔不绝地照着自己的感觉描述她们感觉到的事物。反过来说，她们如果不能把满脑子的话说出来，就会累积压力。

甚至有位美国心理学家说，女性一天必须开口说的单字量多达两万字。

因此，女性会一边流水账式地陈述这一天发生的事，一边还能叨叨不休地指示男人"要细嚼慢咽""快去洗澡"。有时甚至还能在指示中追加抱怨，连一些芝麻大小的事情，不知为何也要一再地老调重弹。这些行为都是为了消化掉那两万字，从头到尾也没想过要有效率地交换信息。因此，男性会觉得女性总在说一些没意义的话。叨叨不休，也是女性的一个特点。

而跟女性生活在一起的男性，该说可悲吗？对于"滔滔不绝的流水账"，男性是会感到压力的。他们一天至少需要三十分钟刻意维持的沉默。从大脑的运作机制来说，如果连放空的时间都不被允许拥有，那么男性就算早逝也不奇怪。

根源就是男性脑的运作机制。男性脑的右脑与左脑联结并不频繁，他们通常倾向于局部使用单侧半球。因此，在把感受化为语言之际，男人会先在右脑的图像处理区整理好情况，再转化为语言。所以，男人说话可以直接从结论说起，也很擅长言简意赅地陈述事情。

　　因为有这样的运作机制，所以，男性脑需要有无意识地放空，经由图像去整理事情的时间。

　　男人常常会有一段时间好像在看电视，又好像没在看电视。如果在这时候转台，他们会生气，但讲到跟当下观看的节目有关的话题，又会一副"啥？"的表情，仿佛刚睡醒的样子。这一瞬间总是会惹得太太一肚子火。但是啊，其实在这段放空的时间里，男性脑正默默地整理着今天发生的事。

　　除此之外，还有假日里白天穿着睡衣在客厅里无所事事的那段时间……虽然女人看了肯定想说："累的话就去睡呀，既然都起床了，还有一堆家务没做，就稍微帮一下忙吧。"但男人其实并不是浪费时间在那里发呆，而是他们的大脑正无意识地将这周发生的事放进图像区做整理。

如果少了这道程序，男性就会在今天的事尚未整理好的状态下迎来新的一天。男性若没有放空的时间，将无法消除精神压力，在职场上也无法全力以赴。

由于女性脑并不需要这种消化信息的时间，因此她们很难接受男性放空。所以，男人才会逃到围棋俱乐部、跑去钓鱼，或打造自己的小天地，以确保自己能有一段完整且不用说话的"放空时间"。

其实，八岁以前的男孩与女孩也会有这段"放空时间"。八岁是掌管空间认知能力的小脑的发达临界期，大部分的基础能力都会在这个年龄之前定型。而为了构筑脑的空间认知能力，平常就需要适度地放空。

即使是女孩子，如果比较有理科或艺术的天分，也可能从小就经常呈现放空的状态，但男孩的表现比较明显。而这在现实应对能力很强的母亲眼里，儿子就像是一种日常生活中一逮到机会就会发呆的生物。说得更准确一点，是看起来像在发呆，但又会突然活动起来，有时还无法控制的生物。在母系家庭中成长起来的母亲，或许还会对养育男孩失去信心，但其实没必要这样。因为养育男孩，就等于是养育一个与女性截然不同的物种，所以没有必要在意那些预料之外的行为。

顺便一提，据说因相对论闻名的爱因斯坦博士，在五岁之前都不会讲话，上了高中后，也时常在课堂上发呆，听不进老师说的话。他的身边有个擅长物理的女朋友，时常在一旁关照他。那个人就是爱因斯坦的第一任妻子，同时也是物理学家的米列娃·玛丽克。

好了，言归正传。就算没有爱因斯坦那么严重，但还是有很多男孩整天心不在焉。所以，女人总是一不小心就唠唠叨叨地叮咛儿子："快点去做……"男孩如果不断被催促，他的空间认知能力，即未来的理科能力，就会被削弱。由于无法良好地整理大脑中的信息，未来可能很难成就大业。

各位丈夫，为了同为男人的儿子着想，你们是不是该好好把这个事实告诉妻子呢？现在可不是寻找什么小天地的时候。

小节
划重点

男性脑需要有无意识地放空，经由图像去整理事情的时间。所以男人才会逃到围棋俱乐部、跑去钓鱼，或打造自己的小天地，以确保自己能有一段完整且不用说话的"放空时间"。

亲密关系的
七年生命周期

在结婚第七年、第十四
年、第二十一年与第
二十八年，会面临夫妻关
系破裂的危机。结婚第七
年，"心动"消失了，"融
合"才刚开始。

恋人或夫妻之间有一个定律，就是在第七年、第十四年、第二十一年与第二十八年，会面临亲密关系破裂的危机。大家有注意到全是七的倍数吗？

　　没错，人类的大脑有一个七年的生命周期。套用到夫妻关系上，似乎也无法违背这种生命周期。

　　人类的骨髓液每七年就会汰旧换新。虽然每天都会一点一点地汰换，但全部汰换完毕需要七年的时间。也就是说，任何超过七年的细胞都不会残留下来。

　　骨髓是人类重要的中枢免疫器官。因此，随着骨髓液每七年的汰旧换新，生物的免疫系统也会逐渐汰换。比方说，异位性体质（或称过敏体质）形成后的第七年，症状有可能会急剧减轻等等。

　　生物一旦接收到外界的刺激，免疫系统就会产生反应。此时的过度反应就是形成异位性体质。不过，在重复受到相同刺激的过程中，免疫系统会逐渐认为这个状况是环境的一部分，必须接受才行，而不再视其为应该产生反应的外界刺激。就这样直到身体完全接受为止，总共需要七年的时间。

进入婚姻生活以后，夫妻会生活在彼此的体味中。一开始这种气味属于应该产生反应的外界刺激，所以会心跳加速。因为心跳加速的关系，彼此会产生情欲，但也会吵架。"烦躁"跟"心痒难耐"在脑科学上，是十分相近的两种情感。

只要没有严重伤害到彼此，这个状态就会持续七年。正如前文所述，女性的"情人眼里出西施"开关，在交往满三年就会切断。交往到了第四年，就会开始挑三拣四。话虽如此，如果能够顺利结婚，从结婚开始到满六年之前，都还能够像恋爱中的人一样，虽然在生活中也会偶有抱怨或吵架，但仍然会感到心动。

然而，到了结婚第七年，夫妻的免疫系统会接受彼此的气味是环境的一部分。简而言之，就是不再感到心动。不过从这里开始，对方会逐渐变成自己的一部分，因此，也可以说是开始"融合"的一年。

结婚第七年，"心动"消失了，"融合"才刚开始。从某种意义上来说，夫妻关系处于相当危险的状态。

　　结婚第七年，由于面临亲密关系破裂的危机，夫妻都有可能对外面的异性感到些许心动。不过会不会有外遇是教养的问题，所以，并不是所有人都会有出轨的经验。

　　即使是忙着带孩子没空对外面异性感到心动的主妇，也很容易对丈夫产生怀疑，暗自感到："我真的要跟这个人过一辈子吗？"结婚七年的夫妻也很容易怨叹："他都不帮忙照顾小孩。"或"老婆只关注孩子。"根据问卷调查显示，很多人下定决心离婚也是在第七年的时候。

　　因此，在结婚第七年，内心开始蠢蠢欲动的人，请千万要注意这件事。太太在这个时期也会比较容易起疑心。正因为有些太太容易起疑心，反而会不安地寻求更多肢体接触，这时千万不能自视甚高地以为"我老婆总是很热情，所以没问题的"。

　　当你对婚外的女性感到心动时，请再好好思考一下，并不是只有你一个人不再心动了。家庭没有你想的那样坚若磐石。即使说夫妻的命运取决于你如何挺过这个时期，也不算言过其实。

　　人类不只可以靠本能，也能依靠理性建立信赖关系。但如果因此轻视本能的话，就会在意想不到之处被绊一跤。只要知道本能如何运作，就能弥补无意识的漏洞。婚姻潜在的风险应该是可以避免的。

　　只要知道恋爱不是永远的，就不会因为"何止不再心动，最近已经厌倦了。他或许不是我命中注定的那个人"等念头而动摇。若能转念心想"这值得我们克服恋爱的渴望、克服厌倦的感受"，那么婚外情人也会相形失色，黄脸婆也会变得很可爱。（但愿如此。）

　　第十四年与第二十一年也适用第七年的定律。很多人在这些年会下定决心离婚。如果你刚好在这时考虑离婚，我希望你能多忍耐一年。也许两人的关系会出现意想不到的积极转变。而到了第二十八年，夫妻将迎来最严重的"厌倦"。至于第二十八年会发生什么事，就敬请期待吧。

小节
划重点

恋爱不是永远的。家庭也没有你想的那样坚若磐石。夫妻的命运取决于你如何挺过"七年之痒"。克服恋爱的渴望、克服厌倦的感受，那么黄脸婆也会变得很可爱。

化危机
为转机
的方法 ：

当遭到质问时，不管什么
理由，都应该诚恳地倾听
对方的想法，然后再为给
对方带来不快道歉。被质
问的瞬间，也是表现爱意
的机会。

"请问跟家人吵架之后，有什么方法可以化解尴尬的气氛吗？"我曾在杂志采访中被问到这个问题。

有时跟家人吵架之后，即使理论上达成共识，气氛还是会一直尴尬下去。如果有一句话可以化解那样的气氛，请不吝告知。

我在采访时深思许久，却完全想不到答案。话说回来，想用一句话就化解这种尴尬的状况，不是很自不量力吗？我甚至开始怀疑这个问题的价值。于是，我决定把这个问题带回家。

在面对家人之间的摩擦时，我家儿子是个非常擅于解决问题的天才。因此，我试着把问题丢给他，结果他斩钉截铁地说："会留下尴尬的气氛才是问题的症结。"

他说，当遭到质问时，不管什么理由，都应该诚恳地倾听对方的想法，然后再为给对方带来不快道歉。就是因为不道歉还找借口，才会留下尴尬的气氛。

的确，儿子每次被我质问"为什么这样？"时，一定会顾虑到我的心情，先回应我："啊，妈妈对不起，你都这么忙了，我还让你有这些怨言，真是不应该。"接着，才会心平气和地告诉我事态发展至此的理由。如果他先找借口的话，我肯定会恼羞成怒。但换个顺序之后，我的感觉的确就会变成："原来是这样啊，那也是没办法的事。"说来还真是不可思议。

　　"你真是个沟通天才啊！"我极力称赞他。他不以为然地答道："我跟你说，这才不是什么技巧，那是因为质问的一方受伤了。而我是真的很担心你的心情。"我听了，胸口一阵紧缩。

　　质问的一方，受伤了。

　　一念之间的转换，会给人生带来很大的变化。吵架时，若能这样想，可能结果会完全不同于以往。

　　就算只是误会一场，或是对方无理取闹，但在开口纠正之前，都必须先替对方的心疗伤才行……辩解或说服都是之后的事了。

　　当你被太太质问时，我希望你在说出"我也是不得已的"之前，可以先试着考虑她的心情再开口，例如："家里的事都丢给你一个人，真是对不起！"或是"我没注意到你那么累，真抱歉！"等等。然后再说："其实，我因为最近公司项目渐入佳境，没心力顾及别的事。"明明这样讲就能化危机为转机，就是因为从"我也是很忙的"这种防御姿态开始，太太内心才会心生不悦。

如果被逼问"工作与家庭，哪个比较重要？"就先道歉："我让孩子们感到寂寞了吧？对不起！"约好见面却迟到的话，也可以先这样道歉："你站在这里等了三十分钟吗？对不起让你等这么久。"忙碌的理由也好，迟到的理由也罢，都应该先开口关照对方的感受再做解释，理由再正当也一样。

面对孩子也是一样的："爸爸没有履行跟你的约定，对吧？对不起！""抱歉，我没有理解你的感受。"不要吝于开口关心对方的感受。

对于父母当然也不例外。虽然母亲对成年儿子说的唠叨话很多都是瞎操心，但请不要一脸不耐烦地敷衍，而要对她说："知道了，妈妈，抱歉让你操心了。"

我认为这就是大人的责任，无关男女。会质问你，代表这个人很信任你。因为遭到背叛（认为自己遭到背叛），才觉得受伤。仔细想想，或许就是因为在乎，才会这样质问吧。

而且被质问的瞬间，也是表现爱意的机会。如果能够说出"噢，我竟然对如此重要的你做出这种事……"等言语，效果会比心情好时说的"我爱你"好上许多倍。还请不要错过这个大好机会。

我跟儿子只有一次吵架后留下心结，那是在他初二时候发生的事。当时可能是青春期的烦躁感爆发，他狠狠地批评了我这个做母亲的。最后他虽然认错道歉了，但指责我教养方式的那些言辞，反而让他自己陷入自责，如铅块般沉重的气氛始终消散不去。

不过呢，那天晚上，我的笔记本电脑上贴了一张便条纸，上面写着"啾"。尴尬的气氛瞬间消失了。我觉得我们之间的心理羁绊，似乎从那个时候开始更加强韧了。

这应该是成年男性也可以使用的方法吧。如果觉得"啾"很害羞，也可以在冰箱上粘一颗太太喜欢的巧克力。彼此的心理羁绊肯定比吵架之前更稳固。俗话说得好："下过雨，地面更坚固。^①"但要使地面坚固，也需要下一些功夫才行。

---

① 日本俗语。意思是发生争吵或不好的事情，反而会让整件事情转往好的方面发展。近似雨过天晴的含义。

小节
划重点

质问的一方，受伤了。所以忙
碌的理由也好，迟到的理由也
罢，都应该先开口关照对方的
感受再做解释，理由再正当也
一样。

男人的钝感力：
看不见的任务

对于男人很迟钝这件事，请不要暗自神伤，因为全世界的男人几乎都有钝感力。要男人培养出与女性脑相等的察言观色的能力，几乎是不可能的事。

在男性眼里，女性是察言观色的天才。

连接右脑与左脑的神经纤维束称作"胼胝体"，女性的胼胝体约比男性的粗厚20%。因此，女性的右脑（直接联结五感、处理图像的感觉区）与左脑（直接联结显意识、掌管语言或数字的思考区）联结较好，只要她们一感觉到什么，就会立刻使其浮上显意识，产生联结。

聊天聊得正尽兴的女生朋友，突然一脸悲伤地垂下眼睛——光是看到这一幕，女性就会回想自己前面一连串的发言，并开始反省："我刚刚说了什么不该说的话吗？"或是臆测"她跟老公发生了什么事吗？"而且与此同时，她们不会中断对话。

年轻女性相信，自己与生俱来的这种能力，男性身上也有。因此，在面对男朋友或上司少根筋的言论时，会哀伤地垂下眼睛，表现出希望他们别再说了的样子。不过，这种行为通常都会被男性忽视，这令人感到沮丧。

有时候，女性也会寄出轻描淡写的季节问候信，渴望寄托自己寂寞的心情。缺乏经验的年轻男子可能会说："女人很爱吊人胃口，麻烦死了。"但其实我们并没有要吊人胃口的意思。不管是"垂下眼睛"或"轻描淡写"，在女人看来就等于把心情直说出口，是能够准确传达信息的方法。

男性脑具有钝感力———一种不会因眼前对象表情变化而影响心情，可以长时间保持高度专注的能力。

在远古时代，外出打猎的男人如果一直在意离开洞窟时妻子的表情，说不定会被猛犸象一脚踩扁或跌落山谷。从数千年前开始，男人就为了善尽命悬一线的责任，而培养出钝感力。即使到了现代，男人也多亏有钝感力，才能够造楼搭桥，保证稳定的电力供给……对于男性脑的钝感力，我们女性绝对是应该满怀感激，没道理生气。

但说来也真悲哀。老婆今天换了一种新发色，甚至是换了一个不同的发型，丈夫不会发现；老婆一脸不高兴了，丈夫不会注意到表情变化；当老婆用力暗送秋波，希望对方帮忙做家事，丈夫更是不会察觉到。

男人总说："你跟我说，我就会做了啊。"

但这是两码事。女性觉得男人主动察觉才有意义。双薪家庭的太太下班回家后，还没好好喘一口气，就一头扎进厨房做饭。丈夫摊开的报纸杂乱无章地堆放在餐桌上。太太总会想象，这时如果说一声"要吃饭喽"，就有人主动收拾餐桌、摆放碗筷，甚至帮她倒杯水，那该有多好啊！然而大部分的丈夫都做不到。

如果太太说"帮忙收拾餐桌"，他们可能只会折起报纸而已。太太听到"收拾好了"以后端出饭菜，却有可能看见没摆好的电视或空调遥控器，以一个歪斜的角度放在奇怪的地方。明明需要用到小碟子，却没拿出来摆好。何止如此，连筷子跟酱油都没有。虽然开口指示"把遥控器收好""帮忙拿小碟子""把筷子摆一摆"，丈夫的确会帮忙，但太太却会感到悲哀极了。

因为女人只有在非常看不起一个人时，才有可能做出以上举动。女人为了传达出轻视对方的讯息，会刻意不对对方察言观色。因此，丈夫依循男性脑构造自然生成的"不察言观色的生活"，往往在不知不觉中伤害了妻子。

女性不仅是察言观色的天才，更是掌控流程的天才。去厕所途中顺便把餐桌上的杯子拿去洗，在刷牙时顺便擦镜子。买东西时就算没有清单，也可以瞬间回想起缺什么，并能迅速买好所缺的生活用品。在这样的女性眼里，老是把用过的东西随手乱放，或是连托买的东西都买不齐的丈夫，自然会让人气得牙痒痒。

要叫胼胝体很细薄的男人培养出同样的察言观色的能力，是相当困难的事。如果是在工作等特定认知领域中学习技术还可以，但在瞬息万变的生活场景中，要男人培养出与女性相等的察言观色的能力，几乎是不可能的事。因此，最好的方法其实是让女性了解男女脑的差异。

各位男性读者，请把这一篇文章分享给太太或女朋友看吧。至于各位女性读者，对于男人很迟钝这件事，也请不要暗自神伤，因为全世界的男人几乎都有钝感力。

另外还有一件事想告诉男性。不善察言观色的男性，对于家事也只做了实际的三分之一而已。也就是说，即使男人自认为已做一半的家事，实际上可能只做了六分之一而已。希望各位男士能理解，太太其实做了很多你没有看到的家事。就算无法具体察觉，也应该对她说一句："谢谢你平常的付出。"男人们，请对太太抱持感谢的心情吧。

小节
划重点

要男人培养出与女性相等的察言观色的能力，几乎是不可能的事。因此，最好的方法其实是让女性了解男女脑的差异。而男人们就算无法具体察觉，也应该对妻子说一句："谢谢你平常的付出。"

老妻
变新妻
的方法

女性脑虽然有从经验中生出智慧的能力，却也有容易累积怨怼的一面。开口慰劳妻子过去的辛劳，编织未来的美好蓝图，就是把满腹怨怼的老婆变成天真的新婚妻子的魔法。

女性脑具有一次掌握"首尾脉络"的能力。在当下对话或思考时，她们可以一次在大脑的初级整合区回想起数十年相关的情形。这是上天赐给女性养育后代的能力。

举个例子，假如孩子半夜发高烧了，女人会回想起以往的发烧情形，再观察现在的状况。如果与过去的情况不同，她就会察觉到"孩子明明发高烧，脸却不是红的，反而有点发青，跟之前都不一样……"，从而感到紧张。有时也会回想起老大曾经出现过类似的情况、自己小时候的经历，或是几年前在公园跟妈妈群的朋友聊天时得到的信息……全部的记忆总动员以后，再机动性地判断该如何应付眼前的状况。

所以，女性随着年龄的增长与经验的累积，越来越懂得当机立断。比起外表，魄力更能反映出女人的年龄。

完备的知识体系加上从经验中磨炼出来的智慧，女性总是能在瞬间做出最佳的判断。虽然我老公总是抱怨女人说话变来变去的，但那样当然不是问题，因为经验不同了，判断自然也不同。

当然了，我想世上总是会有必须为了秩序而诚实坚守过去判断的时候，而我一直以来在职场上也是这样做的。但是攸关家人性命的事情，不可能讲究什么公平性或普遍性。因为有时母亲或妻子凭直觉会一眼看出医生疏忽掉的地方。

这个育儿或照护必备的"总动员过去类似记忆"的能力，其实有个副作用。

那就是，丈夫一旦说出任何少根筋的话，妻子的脑海里就会一次性地列出他过去所有少根筋的话。由于是在无意识的一瞬间发生的事，因此很可惜的是，我们也无法阻止。仔细想想，大脑只不过是很认真地在完成"一次列出眼前事件的相关记忆"的任务而已。至于那是最好睁一只眼闭一只眼的负面记忆，还是能够救命的实用记忆，在这个阶段是无法区别的。

因此，如果是已经结婚二十年的主妇，就能够一口气细数二十年来的不满。"你还记得我在怀小明的时候，你对着孕吐很严重的我说过什么吗？"（如今小明都已经是大学生了。）类似这样的情况比比皆是。

把陈年积怨说得像昨天发生的事一样充满临场感……这样的妻子在古今中外都不算稀奇。

但如果是站在丈夫的立场，那就有一点可怜了。毕竟那些只不过是过去微不足道的失败，却在妻子脑中一再回放，不断提高联想记忆的阈值（记忆的分量）。而且，即使已再三道歉，有时候甚至还买了礼物补偿，妻子依然会在脑海中回想。就算有男人认为这样有点卑鄙吧，那也没有办法，因为我们女性无法阻止这件事。

另外，男性有时候会对有些事女人到昨天为止还能容忍，今天却突然翻脸感到困惑，也是缘于女性的这种能力。

比方说，丈夫老爱把袜子脱了丢在客厅地上，就算妻子多次提醒"把袜子收好"也不听……这时，妻子会先默默帮忙收拾，但如果丈夫一直不当一回事，情况就有可能突然一发不可收拾。

因为第一次收拾的时候，只有一次的不爽，但收拾到一千次以后，她们就会累积一千次的不爽。直到某天这种事突然超过女人忍耐的限度，她们就会开始看什么都不顺眼，甚至很有可能连和丈夫在同一间屋子里呼吸同样的空气都讨厌！

男性脑的情况是，一旦决定容忍，就算到了一千次也会带着跟第一次一样的心情去面对。对男性脑而言，女性脑的爆发肯定是晴天霹雳吧。我对各位男性深感同情。

但是，正因为具备这样的能力，女人才能有条不紊地完成人生第一次的育儿，也才能够反应敏捷地应付第一次的照护工作。

作用与副作用是一体两面的。就像男性脑一方面能凭借高度空间认知能力运作社会，另一方面却对家庭生活保有钝感力；女性脑虽然有从经验中生出智慧的能力，却也有容易累积怨怼的一面。双方何不拥抱彼此的优点，对缺点睁一只眼闭一只眼呢？

再者，对女性脑没辙而感到绝望的你，不用灰心，男人只要善于利用女性脑的这种特点即可。秘诀就是给女性脑灌入正面记忆，而不是负面记忆。首先就是，提及妻子持续在做的事情。

举例来说，假如在结婚二十五年的某一天，听到丈夫说出下面的话，感觉如何呢？

"你煮的味噌汤，我已经喝二十五年了吗？比喝老妈的味噌汤还久呢。"

妻子的女性脑应该会浮现上千次煮味噌汤的画面吧？新婚时曾经有过明显失败的经历，即使如此，老公好像还是默默地喝完了。虽然孕吐严重时听到他抱怨："什么啊，连味噌汤都煮不了吗？"你还气得大骂："你怎么少根筋到这种程度啊！"但原来他是这么重视我煮的味噌汤啊……就这样，妻子脑中的负面记忆也会逐渐变成正面记忆。

而且在往后的日子里，妻子忠实的女性脑在每次煮味噌汤时，都会再次想起丈夫感谢的话语。这样一来，就算哪天你退休了，应该也不会听到她说："我也要从家庭主妇的岗位上退休了，早餐你就自己看着解决吧。"

若你觉得不好意思，也不一定要称赞她或说出"谢谢"，只要默默地把她一直在为你做的事情说出来即可。

不过在说出这句话之前，请先搞清楚自己究竟喝了多少年的味噌汤，不然如果她说："没有吧，妈做的味噌汤，你不是喝了三十年吗？"那可就白费心机了。当然，也可以用其他事情取代煮味噌汤，例如泡咖啡、熨衬衫、擦皮鞋、随时在杯子里添牛奶。细微的生活琐事即可，总之就是要好好留意到妻子一直以来为你用心付出的地方，并开口对她说："你一直以来都为我做了这些事。"

留意她一直以来为你用心做的小事，这不仅对妻子有效，对职场上的女性也有效。

例如，可对职场女性说："你每天早上跟我打招呼都好有精神。""只要你帮我贴好便签，我处理文件的时间就会比平常少一半。"……

比起有输有赢的客观指标，女性更希望确认自己是特别的。男性或许会感到惊讶，但在生物学上，必须在竞争中胜出才能繁衍后代的男性，与必须保护好自己才能繁衍后代的女性的确差异甚大。

女人并不是想要你的称赞，而是想要你的理解。所以，你开口慰劳她过去的付出，最能够打动她的心。

为了不让她想起过去不开心的事情，另一种方法是让她反复想到未来。

与她分享、勾勒未来一段时间的计划，例如："等枫叶再红一点之后，要不要去日光？去吃之前电视上播的汤叶怀石？"或"今年的结婚纪念日是星期六吧？要不要买瓶好喝的葡萄酒啊？"

在反复想着不久之后"要穿什么衣服去才好呢？"的期待中，女性脑就没空想起过去不开心的事情了。

开口慰劳妻子过去的辛劳，编织未来的美好蓝图，就是把满腹怨怼的老婆变成天真的新婚妻子的魔法。各位不妨试一试。

小节
划重点

把爱抱怨的老婆变成天真的新婚妻子的魔法：

秘诀①：给女性脑灌入正面记忆，而不是负面记忆。留意到妻子一直以来为你用心付出的地方，并开口对她说。

秘诀②：让她反复想到未来。

超越爱情
的共生

能瞬间发现远处危险与近处危险的大脑组合，就是所谓的夫妻吧。夫妇脑两两一对，就像精密的机械一样，绝对不能拆散。超越恋爱或爱情的共生意义就在于此。

男人与女人看东西的方式不同。

男人惯于大范围扫视整个空间，因此往往会忽略眼前的东西。

"我的眼镜呢？""电视遥控器不见了！"丈夫着急地把在厨房忙碌的妻子叫出来以后，却被大骂："不就在你面前嘛！"或是找不到老婆说的那件从上面数第三个抽屉里的内裤，只好叫她过来，结果还真的在里面。类似的事情相信各位丈夫应该都经历过。"不就在这里嘛！"只见老婆气呼呼地把东西丢过来。"但刚刚真的没看到啊……"如此嘀咕的你，是典型的男性脑。

反观女性，她们则有仔细检视物体表面的能力。此外，据说女性分辨粉色系色彩差异的能力是男性的十几倍。多亏有这些能力，女性才不会忽略婴儿脸色的变化，也能顺利辨别食材的好坏。

仔细检视物体表面的女性，几乎不会漏看眼前的东西。当她迅速找出丈夫嚷嚷着"没看到啊"的眼镜或遥控器，会忍不住露出"你是笨蛋吗？"的表情。因为她自己不会漏看，所以真的会产生这种感觉。

上天在这个世界上创造了男性脑与女性脑。一方能够掌握整体空间，迅速察觉危险、正确认知与猎物之间的距离，或是理解复杂的画面；另一方能够密切掌握自己的周边细节、替不会说话的婴儿做好健康管理、分辨食物是否腐坏，并且能看穿他人的谎言。

每每想到男女看东西的方式不同，就更能体会到这世界上有两种不同脑的意义。这个组合非常合乎逻辑。如果把脑设计为远近两用的混合体，判断就会变慢。正因为集中在其中一边，才能够瞬间察觉危险。瞬间发现远处危险与近处危险的大脑组合，就是所谓的夫妻吧。

而且会相互产生情欲的男女，免疫抗体的类型也不一致。因为男女会通过部分的体味让对方知道自己的免疫抗体类型，当类型差异越大时，双方的好感度越高。

免疫抗体类型不同，亦即对外界反应截然不同的男女，会在观看世界方法完全不同的前提下一起生活。夫妇脑两两一对，就像精密的机械一样，绝对不能拆散。超越恋爱或爱情的共生意义就在于此。

在婚礼致辞等场合常说"夫妻一心同体"，我想这句话真正的意思就在这里。个性截然不同的两人以团队形式，组成一个完整的组织。合为一心的出发点，在于达成生物追求健全生活，也就是改善生存条件的使命，而不是做到感觉与思考达成一致。

因此，如果误解了"夫妻一心同体"这句话，夫妻这个组合就会变得相当辛苦。对新婚夫妻致赠这句话时，请务必传达出正确的意思。

好了，再来谈谈渴望一次掌握整体空间的男性脑。如果不能综观全体，并掌握自己目前所在的位置，男性脑就会感到疲乏。换言之，男性对于看不见目标的事情，耐性明显低于女性。

例如，女人絮絮叨叨个没完没了的时候，男人如果被迫聆听一堆没有主题的闲谈，免疫力就会逐渐下降；又或是陪女人逛街一直走不到目的地的时候，明明听到老婆说要"买饭勺"，结果却逛到床具卖场，接着又在女鞋卖场待了好久……究竟要逛到何时才会结束？

　　反观能够专注于眼前事物的女性，对于看不见结果的事情比较有耐性。但假如有人太过要求必须一步一步达成阶段性目标，反而会使女性越来越消沉。

　　职场上活用人才的方法也一样，男性无法长时间忍耐看不见结果的工作，必须设定详细目标与阶段目标（报酬或职衔）。而女性在详细设定目标的情况下无法发挥实力。如果上司说："给你一年的时间，照你喜欢的方式去做，有事我负责。"那就再好不过了。

小节
划重点

个性截然不同的两人以团队形式，组成一个完整的组织。合为一心的出发点，在于达成生物追求健全生活，也就是改善生存条件的使命，而不是做到感觉与思考达成一致。如果误解了，夫妻这个组合就会变得相当辛苦。

女人
发火
的时候

明明每天都回到太太
身边了，还想要怎么样
呢？生气的她，背后肯定
有"绝望的种子"。应对
方法只有一种，就是温柔
地抚摸她的伤口，诚恳地
疗愈她。

"女朋友生气的时候，该如何应对比较好？"

这是一个广播节目提出的采访题目，他们说："节目中给出五种应对方法，希望您按照效果优劣排好顺序。"

五种方法分别是：①不断道歉。②追究分析她生气的原因。③恼怒地说："我又不是故意的！"④安抚她说："你先冷静一下。"⑤因为一旦开始道歉就会没完没了，所以先轻描淡写地道歉，之后再随便地应付过去。

"……"我沉吟不语，因为先不说什么排序的问题，这五种方法全都不对。

质问的人受伤了。

我希望男人可以把这个事实再次牢记于心。当女人生气地质问你时，代表她们受伤了。

的确，生气的原因或许微不足道，可能是信息回得比较慢，可能是没有专心听她说话，或者是忘记了某个纪念日……如果工作上遇到比较麻烦的案子，当然有可能发生这些事。如果女人因为这种事情发怒，只会让人觉得在闹小脾气而已。所以男人才会一个劲儿地道歉，试图随便应付过去，或是气得回嘴，希望女人可以闭嘴。

但真正的原因并不是这些，而是女人在指责你"根本没有在听人说话！"时，她的心中已种下了一颗绝望的种子，一种"这个人肯定觉得有没有我都无所谓"的根本性绝望。因为不敢直接把那份绝望说出口，所以女人才会为了不起眼的小事生气，表现得咄咄逼人。

男人不可以培养这种"绝望的种子"。生气的她，背后肯定有"绝望的种子"。因此正如前文所述，应对方法只有一种，就是温柔地抚摸她的伤口，诚恳地疗愈她："我让你受伤了吗？看来我做了对不起你的事。"

事实上，导致女人生气的那些事，对女人来说也是微不足道的小事。如果对方是自己信任的人，那些都只是幽默自嘲一下就可以化解的事。所以面对女朋友生气，不管是追究分析或不断道歉，女人都不会感到满意。

顺便一提，我家儿子在我生气时，一定会这样说："妈妈对不起，你都这么忙了，我还惹你生气。"

这句话传达出来的讯息是"你很重要"。"你很重要"，如果三不五时接收到这个讯息，女人不管今天或明天都会过得很快乐。而传达讯息的重要机会，就是"牢记纪念日"与"女人生气时的正确应对"。

其实，在成熟的男性中，肯定也有人很清楚女人生气的原因，所以刻意回避。因为他们害怕接触到这颗"绝望的种子"。

害怕太太再次追究起"反正你根本不在乎我吧？"时，自己可能会不小心承认，没错吧？（微笑）

我能理解这种心情。明明每天都回到太太身边了，还想要怎么样呢？男人肯定会这样想。男人在求婚时（接受这段缘分时），已经做好了一辈子的心理准备，不管厨艺好不好，不论美丑，都不会拿"是否记得结婚纪念日"这种事情来衡量妻子的存在意义。正因如此，他们也做不到动不动就美言几句，来强调另一半的存在意义。

若仔细检视男性脑，也会对男人的说法感到理解。我都默默为家人工作赚钱了，为什么还要特别说"你很重要"，才会感到满足呢？

女人或许会被认为太贪心，但那是同理心需求高的女性脑的特点。正因为具备同理心，才会在男人脆弱时发自内心地感到同情。相对地，我们也希望坚强的你可以偶尔回过头来。男人啊，请温柔地看看我们吧！

小节
划重点

质问的人受伤了。希望男人可以把这个事实再次牢记于心。当女人生气地质问你时，代表她受伤了。

LESSON 11

女人
的唠叨
拯救世界

"你说这些话的重点是什么?""你根本没有听我说话!"男人啊,请不要感到厌烦,因为女人爱讲话可是上天赐予的崇高天赋。

女人很爱讲话。

这样一说，所有从初高中到成人的男性都会露出深切认同的表情，用力点头。就算有些人说太太不爱讲话（或者是不愿意跟你讲话），似乎还是会在某些情况下产生共鸣。如果从男性脑渴望简洁交换信息的构造来想，确实很令人同情……但是，男人啊，请不要感到厌烦，因为女人爱讲话可是上天赐予的崇高天赋啊。

女性会滔滔不绝地把自己感觉到的事物化为言语。

比方说，在大吃美食的时候，女人这种生物就是会在吞下食物之前说出东西有多好吃。一边吃着甜点，一边七嘴八舌地说"好香浓啊""慢慢在嘴里化开了""是很清爽的甜呢""我最喜欢草莓一粒一粒的口感了"等等。我们从来不会因为对方也在吃同样的东西，就认为没有必要说出口；或者说，正因为吃的是同样的东西，才更要说出口。毕竟女性对话的最终目的，就是要产生共鸣。

互相笑着附和"没错没错""真的是那样"，然后在飨宴的最后说："虽然发生了很多事，但能吃到这么美味的东西，我们真的很幸福啊。""就是呢。"女性习惯用言语总结出大家的心情。女性的对话总是以共鸣作结。

　　反过来说，如果没有产生共鸣，女性的对话就不会结束。如果你每天听她说话听到耳朵都长茧子了，她还是埋怨你没有听她说话，代表你的回应没有与她产生共鸣。

　　所谓有共鸣的回应，就是重复说话的内容，例如："好冷啊！""对啊，真的好冷。""我冷得受不了了。""是啊，你冷得受不了了吗？"但是当女人说："我变胖了吗？（变老了吗？）"这时你绝对不能老实回答："嗯，你变胖了（你变老了）。"

　　女人并不指望在对话中及早解决问题。然而，喜欢把成本降到最低的男性脑，往往会多此一举地试着在对话过程中解决问题。例如，太太撒娇说："东西好重啊。"先生却回答："我们家里才两个人，不需要一次买这么多东西吧？需要的时候再多跑几趟不就好了。"如果这样回答，不如不说话。那些形容太太不爱讲话的丈夫们，肯定在结婚生活刚开始的阶段说过不少这类"试图理性解决"的话。

另外，话才说到一半，"你说这些话的重点是什么？"像这样被要求长话短说，也令人恼火。因为女人想要表达的是自己感受到了什么，至于结果如何则是次要的事。

明白了吗？女性对话的目的与男性不同。

女人通过谈论自己的感受，同时确认自己的感受与对方是相似的，知道自己没有离群体太远，这才会感到安心。就像把测量仪器校正归零一样。

人类这种物种，负责育儿的个体要身处在群体之中，比较能提高幼体的存活概率。因此，女性脑天生就被赋予了这个本能。

换句话说，比起直接性的信息传达，女性讲话主要是一种为了组织群体与取得感性平衡的活动而已。因此，女性会自然地参与群体，发挥感性天赋，即使初次育儿也能安全执行。

除此之外，正因为平时就有共鸣（心理的联结），所以一旦发生任何事情，即使没有事先商量怎么解决，也可以充满默契地采取组织化的行动。在不知道会发生什么事情、不知道会有哪些人来处理事情的日常生活中，建构一个以同理心为轴心、不可或缺的"心理共同体"，才是女人讲话的首要目的。

反之，男人因为做不到这件事，所以连家庭也难以融入。因此，与孩子对话时，也不能忘记具备同理心的附和。"原来你的感觉是这样啊……"就算最后以叱责作结，但只要不是发生令人哑口无言的坏事，我想，以具备同理心的一句话开头是与家人对话的礼节。至少女人与小孩都是自然而然做到这件事的。

男人一旦进入青春期，荷尔蒙分泌增加，就会忘记这件事。急于寻求结论，而且喜欢竞争胜过于同理心。开始无法忍受女人或小孩讲话东拉西扯。但正如此处所说的，女人闲话家常有明确的效用。

没错，讲话还有其他的效用。就像前面也提过的，女性脑也具备在事情发生时，一次联想起过去数十年相关情形的能力。今天闲话家常的内容，也有相当高的概率在几年后派上用场。换句话说，女人没有一分一秒在说"闲话"。

家庭或地区的群体是你最后一道堡垒。妻子一边闲话家常，一边为你守护这道防线。从今天起，就算你老婆跟邻居太太天南地北地聊个没完，或是跟女性朋友煲电话粥，也希望你能用温柔的目光为她打气："噢，你正在为明天的家人努力啊。"

今日的人类，即使工作的竞争结束，依然有好长的日子要过。女人的闲话家常，或许在二十一世纪会越来越重要。

小节
划重点

如果没有产生共鸣，女性的对话就不会结束。如果你每天听她说话，她还是埋怨你没有听她说话，代表你的回应没有与她产生共鸣。

尊重丈夫的效用：

请记住，老公才是超级长子。

如果持续漠视位阶次序的话，也有可能造成夫妻之间的代沟。

按照家里男性的年龄顺序出菜，即丈夫→长子→次子的顺序。

请尊重丈夫。

上一次说这种话，可能已经是数十年前的事了（搞不好还是结婚二十四年来的第一次）。

在二十世纪七十年代妇女解放运动后，日本曾弥漫着一种氛围，好像只要说出这种话就会遭到排斥。我在演讲时称呼丈夫为"主人"遭到女性的纠正，也不是一次两次的事了。由于女人不是男人的奴隶，因此称呼主人听说很奇怪。

我一开始还以为是来自男性的投诉（受不了自己明明就不受尊重，却还被称呼为"主人"，强加责任在他们身上）。二十世纪八十年代进入社会的我们，就是身处在如此强调男女平等的社会氛围中。我们必须深深感谢传承这份权利给我们的女性前辈。

不过另一方面，明明男女脑的感性存在着显著差异，却要大家相信我们全部一样，这件事也带来了弊端。例如，女性上司出于好意做的事情引起了男性部下的不悦，导致其被迫离职的情形屡见不鲜。另外也听说，很多母亲不知怎么教育男孩子，容易情绪失控的孩子或青春期以后的男孩患自律神经失调的也越来越多。

所以我必须在本书中好好地告诉大家一个超棒的法则，就是只要尊重丈夫，儿子的成绩就会提升。

而且这对于没有老公或孩子的职场女性来说，应该也会是一个有用的建议。

天生具有高度空间认知力的男性脑，对于距离或位置关系的掌握很敏感。在从前没有地图、标志，也没有GPS的时代，男人去荒野打猎，也会顺利回到自己的洞窟。他们的大脑具有迅速掌握视线范围内的空间的能力。比方说，他们走路时，就会开始同步评估一公里外的松树与杉树的相对位置关系，从对侧看过来又会呈现怎样的画面，像这样，在大脑的图像处理区中描绘大规模的俯视图。

这样的系谱代代相传。所以，今日的男性才会擅长解读复杂的图面、组装机械、建造高楼大厦，甚至让飞机升空。在掌握离日常很遥远的事务时，男人也会使用同样的能力，因此他们通常爱好宇宙论或世界经济。掌握庞大的组织，再靠思考去运作。女人当然也会这么做，但并没有像男人这么自觉。所以，我更希望各位可以尊重那些身处男性优势领域的女子。不过，这些努力培养"二元能力"的女性，大多具有另一种优势，擅长将这种二元能力明文化并传达给他人，不容小觑。

由于脑中的物理空间与概念空间的处理，几乎是使用相同的机能部位，因此对事物位置关系很敏感的男性，也会非常在意人与人之间的次序关系。也就是说，他们很在意位阶次序。毕竟是能够在无意识中迅速评估一公里外松杉位置关系的男性脑，不可能不在意谁在上、谁在下，某个信息又该由谁传达给谁。

而空间认知力低的女性脑，直觉上并不太在意位阶次序，所以很容易说出像是"部长，我刚才在电梯那儿碰到社长，就把之前那件事向他禀报了，他说可以哦"之类的话。当然，女性的出发点是想强调自己的功劳。

男人对于这种无视上下次序行为的厌恶程度，远超过我们女性的想象。他们并不是希望得到重视，而是对于秩序被破坏感到混乱而已。到头来，我们就会落得一个"业绩很好，客户评价也很好，公司内部评价却很差"的下场。

身处男性社会中的女性，最好把这件事铭记在心。越级传递信息时，必须做好一定程度的心理准备。当然，在模式僵化的大型组织中，有时也需要打破秩序，并没有说一定不能这样做，只是有时可能会引起轩然大波，所以还是希望各位多加注意。

对位阶次序敏感，是男性脑与生俱来的反应。因此，在男孩的教养上有一件必须注意的事，就是上菜的顺序。

长子在弟弟或妹妹出生之前，任何事情都会得到母亲的优先处理，但弟弟妹妹出生后，他却成了第二顺位。据说，这对他们内心造成的伤害，比母亲所想象的更大。其中最不应该的事情，就是今天与明天的上菜顺序随心情改变。对位阶次序敏感的男孩会感到混乱，默默对日常生活感到不满，失去内心的平静。

母亲可能会说："你是哥哥，怎么还跟小婴儿计较呢？"但令他感到混乱的原因，在于母亲对位阶次序的忽视。如果能够多花一份心思，就有可能恢复长子内心的平静，起到安抚作用。

"在男生兄弟之间，不可以搞错出菜的顺序"是心理学家或教育学家也会说的话。维持长子→次子的顺序，将成为他们内心安定的基础。小婴儿肚子饿得哇哇大哭时，希望母亲能多花点心思，先关心大儿子说："你会饿吗？"甚至可以先递给他一块苹果。

驾轻就熟之后，出菜自然会遵守长子→次子的顺序，即使到餐厅吃饭，弟弟抢着说："我要汉堡！"妈妈也能懂得温柔地用眼神回应弟弟的要求，同时询问："哥哥呢？"唯有如此，哥哥才能够忍受"因为你是哥哥，所以要多忍让"的要求。

如果欠缺这样的思虑，却一味叱责"当哥哥的怎么可以这样？！"对孩子来说是很残忍的。毕竟连已经是大人的丈夫，都会因为被无视位阶次序而感到受伤，何况是孩子。我们不时会听到有人怨叹："老公嫉妒小婴儿（长子）。"但这并不是单纯的嫉妒，也是一种对无视位阶次序的不悦感。更令人意外的是，如果妻子持续无视的话，也有可能造成夫妻之间的代沟。

附带一提，弟弟因为一开始就位在第二顺位的秩序中，所以据说他们不会对于自己处在第二顺位感到伤心（这一点似乎跟姐姐或妹妹，有时甚至连母亲都希望自己是第一顺位的女性脑不同）。弟弟甚至会尊敬凡事忍让的哥哥。男性脑的位置关系意识很强，幼年时期建立的这种关系据说会延续一辈子，就算弟弟的社会地位更高也不会改变。

家有兄弟的父母在哀叹"男孩子很难带"之前，我想最好注意一下出菜的顺序。这对于兄弟三不五时打架、突然暴怒、青春期的自律神经失调等育儿问题，应该都有防患于未然的功效。

真正位于家庭内秩序最高点的人，其实不是大儿子，而是丈夫。请记住，老公才是超级长子。

也就是说，要按照家里男性的年龄顺序出菜，即丈夫→长子→次子的顺序。即使晚餐时间丈夫不在，也要在孩子们伸手夹取大盘子里的菜之前，先郑重地把菜夹到小盘子里，说："这是爸爸的。"这样的思虑也是很重要的。

No.12
尊重丈夫的效用

事实上，这样做，与其说是为了丈夫，不如说是为了儿子们。

在意位阶次序的男性脑通常会很仔细地观察，看看自己未来会是什么样的状态。向他们展现未来的美好，是提高男性脑动力很重要的因素，所以大企业的董事办公室楼层才会如此豪华。

在家庭里也是一样的。如果努力读了十几年的书，拼命工作，未来却会变得像父亲那样不被太太放在眼里，自然不可能产生勤学向上的动力。为了儿子的学习欲望，妻子最好尽量重视丈夫。

而且这件事也会提升丈夫的工作动力，因此可说是一石二鸟。根据一项问卷调查显示，在"男人失去为家人打拼动力的瞬间"这一问题下，答案排在第一位的就是"看到盘子里留给自己的菜只剩下一点残渣时"。

除此之外，如果以丈夫为第一优先，他也会表现出一家之主的风范与体贴。我家开始严格按照次序出菜的半年后，原本一直到去年为止，只要感冒就会一直说自己身体有多不舒服的老公，今年变得会主动关心家人："我感冒了，你们还好吗？"

　　人很忠厚老实，但对家人有点不够体贴一直是我老公的缺点，如今多年烦恼一次解决。想必这就是很有即效性的"妻子的智慧"吧。

　　对了，只有女儿的家庭也一样要尊重丈夫，否则女儿将来养育儿子就不会知道有那种做法。请大家要多注意。

小节
划重点

3

如果以丈夫为第一优先，他也
会表现出一家之主的风范与
体贴。

沉默的决心

我想成为一站出来就能传达出身份与决心的女性。或许只要有身为家庭主妇的决心，家庭的样貌就会改变。

我在大学主修物理学，毕业论文探讨的主题与二〇〇八年由三位日本人获得诺贝尔奖而引起话题的基本粒子有关。

让我接触到尖端科学的母校，是位于古都奈良的一所小型女子大学。校园正面伫立着复古可爱的西式洋房。准考生时期令我满怀憧憬的那幢洋房，到我入学以后变得令人不耐，差点忘了那是肩负尖端研究的学术之地。直到毕业超过四分之一世纪以后的现在，不变的悠然风情甚至成为我心中的骄傲。

母校将在五月迎来一百周年。得知母校即将一百周年的消息，我突然回想起自己在毕业典礼致辞上听到的故事。

"从前的学生都很敬畏奈良女高师出身的老师，她们都是很和蔼、懂幽默的老师，并不会对学生大呼小叫。敬畏的理由是二趾鞋袜——即使雨下得再大，奈良女高师出身的老师都会穿着纯白的二趾鞋袜。据说女学生或其他老师看到二趾鞋袜，都会产生敬畏之心。想必是她们凛然的姿态传达出许多言语无法表达的信息吧。我想将毕业校友们展现出来的这份决心，趁这个机会传达给今天将毕业的你们。"

我的脑海中浮现温柔女老师站在昏暗的雨天校舍入口的样子。她们身着和服，姿势高雅，脚上穿着的是白色二趾鞋袜。那个姿态传达出来的就是身为老师的决心。不必大呼小叫要学生对老师敬礼，也不需要高声主张权利，那份沉默的决心肯定会让周围自然而然产生不能轻视这个人的感觉。

在二十一世纪打拼的我们，虽然没有二趾鞋袜，但那段话在我至今为止的人生中，多次闪过我的脑海。我想成为一站出来就能传达出身份与决心的女性。我怀抱着这份心愿，走过二十多年职业妇女的生涯。

男女雇用机会均等法（简称"雇用均等法"）实施后，从日本的职业妇女身上消失的，恐怕就是这份决心。在再次为我引以为傲的母校热血沸腾的那个晚上，这样的想法浮上心头。

　　我在第一线当工程师四处奔走时，一定会把客户说的话用笔记下来。因此，当我见到后辈女同事不针对客户的话做笔记，并认为那只是客户微不足道的例行要求时，我会这样告诫她们："我做笔记是为了展现出聆听客户意见的决心，重点不在于有没有必要这么做。"

　　"而且，"我接着说道，"人在面对异己时，内心会感到不安。在男性主导的工程世界里，我们女性就属于异己的那类人，所以我们要尽可能消除对方的不安。"

　　"我在工作中明明表现得很好，只因为我是女性才会吃亏。"如此抱怨之前，我们女性工程师有没有表现出面对技术的决心，并且运用男性脑容易理解的方式？身为职业妇女，我的行动经常以此为准则。

　　我在雇用均等法实施的三年前就职，因此一开始遇到的性别歧视不在少数。某一次我在说明自己开发的人工智能系统时，甚至有人当场离席放话："听女人说这些逻辑，令人感觉很不舒服，我听不下去了。"还有人向公司投诉："派女人过来，把我们当傻子吗？"人工智能工程师不讲逻辑，究竟要怎么工作？

如今回想起来，男性这样相对单纯地表现出对女性的不满，反而比较好。一来让我在年轻时就切身体会到要再多留意些什么，才能顺利在男性社会中存活，二来也使我身为职业妇女的决心日益增强。

雇用均等法实施至今将近二十五年，现代的职业妇女享有"生育奖励金百万日元、育婴假两年"等丰厚待遇，却还说："没有幼儿园补助吗？""小学生的补习费呢？"不免令我们这个时代的人哑口无言。但被赋予权利以后，对权利产生更多的贪欲，从人脑的机制来说，这是很自然的事。不需要决心的现代职业妇女，反而可能比较不幸。毕竟下定决心的人，内心会变得比较豁达，因此也会活得比较轻松。成天嚷嚷"不帮我做这个、不帮我做那个"，是相当疲惫的事。

好吧，我也有一件事情必须反省。身为家庭主妇，我觉得我一直以来好像都没有表现出任何决心，所以才会对连一个盘子都不帮忙洗的丈夫感到生气。不应该啊，不应该。

做得不好的地方，可能是我没有穿传统的长袖围裙吧。现在家里有洗碗机，燃气灶也更优良了，所以不会弄脏衣服。就算脏了，洗衣机也会帮我洗干净，而且多亏量产化的关系，休闲服也很便宜。现代人连穿衣服都缺乏决心。比起穿着脏了也无所谓的运动服下厨的我，妈妈总是穿着整洁的长袖围裙。感觉妈妈的那副姿态充满威严。

　　下次放假，我打算去买件白色长袖围裙。或许只要我有身为家庭主妇的决心，家庭的样貌就会改变。没想到我刚下定决心，老公就把碗洗好了，衣服也晒完了。莫非我的决心起了什么作用吗？那真是太好了（虽然这样想不是太好）。

小节
划重点

不需要决心的现代职业妇女，反而可能比较不幸。毕竟下定决心的人，内心会变得比较豁达，因此也会活得比较轻松。

夫妻
最后的
职责

男人尽完社会责任以后，
只能以做好妻子拜托的事
情或妻子感谢的笑容，作
为自己幸福的依靠。夫妻
最后的职责，是否就是为
彼此点亮明日的希望呢？

长期研究男女脑的差异，有件事情莫名让我感到心安。

　　与女性脑相比，男性脑想拥有好感觉的欲望比较弱。男人会在充满热忱的上进心或想完成担负任务的责任感驱使下，走过漫长的人生旅途。如果两种都缺乏的话，就会以性爱或赌博等冲动性欲望为驱动力。如果连这种欲望都没有，就会成为隐士。仔细想想，拥有这种脑的人是多么难受啊！

　　女性脑联结右脑（感觉区）与左脑（直接联结显意识的区域）的胼胝体较粗，她们感觉到的事物比较容易浮上显意识，因此，打从懂事以来，女人就一直关注着自己的心情。女性更对自己感兴趣，想拥有好感觉的欲望也很强烈。想要变得更漂亮、想吃更好吃的东西、想过得更幸福……由于有这种追求明日快乐的心情，女性才能够坚强地活着。

即使是失恋伤心到想死的夜晚，肚子饿了还是会想吃美食，一想到食物就会涌起活下去的动力。然后一边喃喃自语"失恋而已，又不会死掉"，一边大吃自己喜欢的食物，健康的女性脑就是这样。

就算活到七老八十，失去所有社会角色，女人依然会追求明天的快乐："等樱花开了就去赏花吧。""我想吃前几天在电视上看到的炸豆沙包。"……女人不会失去生存欲望。换句话说，女人拥有"生存欲望的自主发电型大脑"。

追求快乐的欲望较弱的男性脑，则很难把追求明天的快乐当作生存动力。他们年轻时总想爬得更高、更远，在好奇心与上进心的驱使下持续冲刺。进入壮年期以后，开始为了尽社会责任而继续努力。有些人在退休以后，还能在下一个欲望（想要住在乡下种田、想要为地方社会做贡献）的驱使下继续前进。因为是这样的运作模式，等他们真正退休回家以后，大都很难自行产生生存的欲望。

对于从社会责任中解脱的男性来说，最不可或缺的，就是一个会依赖他的"有生存欲望的自主发电型大脑";一个会对他们说"改天带我去那里""我们去吃那个吧""明天能不能帮我修水管?"或"没有你,就没办法清理垃圾"的人,也就是有点以自我为中心的老婆。熟龄丈夫一边说着"真拿你没办法",一边完成妻子交派的任务,并靠着这份成就感过着活力十足的生活(我的想象)。

我对熟龄妻子有两个请求:一是希望大家千万不要停止对老公的请求;二是请记得对他们说"谢谢"。丈夫随着年岁的增长,力所能及的事情或许会做得越来越少。如果累积多年的怨怼,各位可能会说"你不帮我也无所谓(哼)",但我还是希望大家能够继续拜托丈夫们做事。因为男人尽完社会责任以后,只能以做好妻子拜托的事情或妻子感谢的笑容作为自己幸福的依靠。不善言辞的男人绝对不会承认这件事,但从脑的构造来说,这是唯一能推测出来的结论。

我自己是要求老公必须一辈子负责买手套给我。因为我的生日在初冬时节,为了不会选礼物的老公,我决定让他一辈子不用为了买礼物而烦恼。

我告诉他,从今以后,负责帮我的手抵挡寒风就是他的任务了。我已经做好准备，只要老公哪天不再给我买手套，我就再也不戴手套了。所以，他必须长命百岁才行。

话虽如此，女性随着年龄的增长，也可能从谈论"明天的好感觉"变成"今天的痛苦"或"没有明天的悲哀"。有些以妻子的希望为生存动力的丈夫听到妻子诉苦，会变得比妻子更沮丧，甚至可能残忍地回嘴："不要一直喊很疼、很疼！那又不是我的责任。"我知道这令人惊讶，但也想拜托各位熟龄丈夫一件事。这种时候，我希望你们可以展现同理心，安慰忧郁的妻子："很疼吧？我知道。"因为只要能够得到你的体谅，妻子就可能重新找回明天的好心情。

夫妻最后的职责，是否就是像这样为彼此点亮明日的希望呢？

昨晚是我跟老公结婚二十四周年纪念日。在举杯互道"直到明年的银婚纪念日，还有未来的金婚纪念日之前，我们都要健健康康的哦"之后，我想到的是这样的"最后的职责"。

小节
划重点

〜〜〜〜〜〜〜〜〜〜〜〜〜〜

对熟龄妻子的请求：
①希望大家千万不要停止对老公的请求。②请记得对他们说"谢谢"。
对熟龄丈夫的请求：希望你们可以展现同理心，安慰偶尔忧郁的妻子。

母亲
这种
生物

成为母亲的喜悦，就在于
获得对人生的确信，明确
知道自己存在的意义。
与丈夫相处时，会感觉到
婆婆灌注在他身上的心
意，所以也会觉得必须更
珍惜对方才行。

十八年前，我儿子出生的那晚，我做了一个奇妙的梦，一个只有声音的梦。

　　梦里我听见年约五十的儿子对我低语："老妈虽然很令人头疼，但给我的爱毫无保留。"感觉耳边传来温热的气息震动，是非常真实的体验。而且不知道为什么，梦中的我确信那个经历过人生风雨的成熟嗓音，就是我那呱呱坠地的儿子。

　　那个梦简直就像听到儿子对着五十年后连眼睛都睁不开的我（或许连心脏都停止跳动的我），提前透露一句未来的话语。如果那就是我的临终之际，那一瞬间未免也太幸福了，我想。只要朝着那个目标前进就好，在一股深深的安全感包覆之下，我再次进入梦乡。

　　成为母亲的喜悦，就在于获得对人生的确信，明确知道自己存在的意义。女人，从成为母亲的那一刻开始，死亡就变得恐怖且令人战栗。可能是因为坚信在孩子长大成人之前，无论如何都必须陪伴在他身边才行。不过，在孩子长大成人之后，死亡就变得一点也不可怕了。付出生命的使命感与超越生命的成就感，不知为何会同时袭来，那似乎就是"母亲"这种生物独有的体会。

那天晚上究竟是谁让我看到"我的目标"呢？我想多亏了那场梦，我的儿子才过得这么轻松。因为为了达到那个目标——成为"虽然很令人头疼，但给孩子的爱毫无保留"的老妈，我下定决心任何时候都要肯定地接受儿子的心理状态。

所以，我从来不会不分青红皂白就骂人。不管是面对手戳进碗里把饭弄得一塌糊涂的一岁儿子、忘记写作业的十岁儿子，还是面对在考试前一天晚上骑摩托车的十七岁儿子，我都不会吼骂。每一次我都先从想象他的心理状态开始，因此能够理解他并说出："我能理解你的心情。"本来我也不是随便动怒的人。但在表达理解之后，我总会坚决地对他说："虽然能够理解你的心情，但那不是一个帅气的男人该有的行为。"

这句台词从一岁开始就没有改变过。对于把饭弄得一塌糊涂的小婴儿，我也告诉他："妈妈希望你成为一个帅气的男人。把面条搅成那样实在很难看。"对于如今成为高中生的他，我也告诉他："连这种问题都不会的男人，一点也不帅气。成绩好坏不是重点，就算是答题错误，也分帅气的错法和不帅气的错法。"

每次听到我说这种男人一点也不帅气，儿子似乎就无法回嘴，只能垂头丧气地缩着壮硕的身躯回答："您说得对。"

其实仔细想想，这是十分主观的理由。如果问我"为什么？"我只能够回答："因为妈妈这样觉得。"不过儿子之所以不忤逆我，应该是因为他想要为了妈妈，当一个帅气的男人吧。我觉得那样的儿子很可爱。

母亲这种生物有趣的地方是，对儿子爱意满溢的同时，也能出于同样的观点觉得世上其他男性很可爱。

与丈夫相处时，会感觉到婆婆灌注在他身上的心意，所以也会觉得必须更珍惜对方才行。在外面跟别人一起工作时，我也会有这样的感觉，想要告诉那个素未谋面的母亲："你的儿子成了社会的中流砥柱，请为他感到骄傲。"

连街上裤子穿得松松垮垮的不良高中生，我都想帮他们稍微把裤头拉高一点，就像对我儿子那样。虽然儿子警告我"绝对不可以那样做，不然会被揍扁"，但我还是觉得自己总有一天会忍不住出手。而且我也觉得如果真的那样做的话，对方反而会害羞地笑出声来并原谅我。可别小看我的熊心豹子胆。

　　在充满压力的现代社会，能够成为这样的"大胆妈妈"，我认为真的是很幸福的事。听说有越来越多的年轻人即使生了小孩也无法爱他们，我想不妨把五十岁儿子或女儿对老妈关切的耳边低语当作动力吧。

为了成为"虽然很令人头疼，但给孩子的爱毫无保留"的爸妈，要下定决心任何时候都要肯定地接受孩子的心理状态。

No.15
母亲这种生物

男人长大的时候

儿子不怕雷声了。我深深地感慨，并告诉他："因为你长大了啊。"在男性荷尔蒙的作用下，男性天生敏感度就比较差。

前几天的雷鸣大声宣告着初夏的到来。那天雷雨交加，街灯照亮数千雨丝，不时像窗帘一样随风翻腾。闪电的银色光束十分耀眼。

就在我隔着玻璃窗凝视之际，儿子说一起到外面看看吧，于是两人一起裹着棉毯走到阳台上。以往这种时候，都是我把手搭在他的肩上，如今角色却对调过来。倚在儿子的怀里，莫名有种新鲜感。这时，我突然想起，是啊，我们已经好多年没有一起看闪电听雷声了。

也就是说，上次发生同样的情形时，儿子还是小学生。我们手臂的位置是相反的。虽然我觉得我家儿子好像没有难搞的叛逆期，但也许是他有意与母亲保持着距离。

接着，我注意到了一件有趣的事。儿子不怕雷声。"闪电明明这么亮，是因为太远的关系吗？总觉得声音不怎么震撼呢。"

我深深地感慨，并告诉他："因为你长大了啊。"

不晓得雷声在各位读者耳里听起来是什么样的呢？

在我耳里，附近的雷鸣声听起来是"霹嚓轰隆轰隆咚嚓"。夹在这一串雷鸣中的"霹"或"嚓"声，听起来的声量似乎因年龄与性别的不同而有所不同。尤其是听起来像用剃刀划破薄麻布的"嚓"声，会让听到的人不舒服到起鸡皮疙瘩，这种高频率且让人起鸡皮疙瘩的声音，听在女人或小孩耳里格外刺耳，但成年男性似乎不太能听得到。即使是附近的雷鸣，成年男性听来也只是"轰隆轰隆咚"，几乎听不到霹与嚓的声音。

以前用粉笔较硬的部分去刮黑板，女生都会哀叫受不了，但中年男老师好像不太介意，男同学也似乎都还能忍受。至少他们用指甲刮黑板或毛玻璃逗弄女同学时，自己都没事。就算是玩闹，女生也不会那样做。

理由是男女对那个高频率"叽"声的敏感度不同。对于工厂里使用超音波清洗机或超音波裁切机时的"唧——"声，成年男性通常都说音量很小。也有很多中高年男性会笑说："超音波应该听不到吧。"但是且慢，那些声音听在年轻女性耳里是很吵的，而且会令她们浑身起鸡皮疙瘩、无法忍受。虽然年轻男性也听得见高频率的声音，但那种"起鸡皮疙瘩的感觉"之真实度似乎还是不太一样。"听是听得见，感觉也不舒服，但还不至于到掩耳躲避的程度"，这是年轻男性的看法。男女在听声音这种极为原始性的生理机能上，原来也有这么大的差异。

顺便一提，对于冷热的敏感度，男女之间也有差异。有些男性会说，女性进入冷气房就觉得冷，一关冷气又抱怨很热，实在很难伺候。其实这是因为女性脑的敏感度较高，而不是难伺候。希望各位可以理解这一点。由于女人会怀孕生子，为了孕育后代，自己也必须生存，所以一定要对身体的变化很敏感才行。

以前我在电视上看过一位排球教练说过这样的话，当听到球员说"教练，我不行了"，如果是女性球员，还可以再练习一小时；不过如果是男性球员，一定要叫救护车，否则就来不及了。

男性在男性荷尔蒙的作用下，天生敏感度就比较差，所以会奋战到死为止。令人忧伤的是，他们一旦碰到自己觉得很重要的任务，就会不顾寒暑，也不会说"肚子好饿"或"好累，我不行了"，只知道一个劲地向前冲，直到累得半死为止。

雷声不再震撼。

儿子这句话所代表的意思是，他的脑被派上了"奋战到死为止"的战场。十八岁的夏天，不惜废寝忘食与同伴在雨中奔跑的他，成了一个名副其实的大人。原本那个能体察母亲细腻心思的温柔少年，为了维系人类生存而养成钝感力，变身成迈向荒野的青年。雷声之下，我感到胸口窒塞，一时半刻说不出话来。

男人啊，你们以前也是这样放开妈妈的手，踏上漫长人生旅程的吧？然而我们却说你们迟钝，说你们是木头人，真对不起！

小节
划重点

原本那个能体察母亲细腻心思的温柔少年，为了维系人类生存而养成钝感力，变身成迈向荒野的青年。

夫妻
的
记事本

"你怎么化妆了？要出门
吗？"与平常不同的事态
会折磨男性，他们会感到
女性脑无法想象的不安。
夫妻最好共同准备记事
本。这份觉悟会大幅提升
日后生活的舒适度。

男性脑不擅长应付变化。

我认为女性应该对这件事给予更多的理解才行。

有非常多的太太觉得老公退休后待在家里，让她们很有压力。实际上也有数据显示，家庭主妇在丈夫退休的第三年，死亡率会显著提高，可见压力是确实存在的，而非无病呻吟。不过只要了解男性脑的运作方式，或许就能稍微缓解这种压力。

怎么说呢？据说妻子从丈夫开始待在家里以后，感觉最有压力的一件事就是出门时被问："你要去哪里？几点回来？我的午餐呢？"这只是男性脑对于无法预期的事态会感到不安，所以想要确认计划而已。然而妻子却会觉得出个门也要被质问，好像笼中鸟一样无法喘息。

为了避免熟龄离婚，许多媒体都提醒丈夫们不要问这种问题，但那对男人来说是一件很残酷的事。

对于无法预期的事态或与平常不同的状况，男性脑该有多么不安啊，而且还是不安到很难受的程度。如果长期持续这样的状况，男性脑会崩溃，免疫力会下降，老化也会日益严重。一来很可怜，二来对妻子来说也很不幸，因为要提早展开照护生活。

因此，我想提出的建议是，夫妻可以共同准备记事本。然后每周固定一天在特定的时间开会。例如每周一早上十点召唤老公："我们要开会了，请你来客厅。"在这个夫妻会议中告诉他："这星期二我要跟朋友去美术馆共享午餐，星期三去跳舞，星期四去当朗读志愿者，午餐你就自己随便吃。这几天我都预计在下午四点回家，晚餐会煮好吃的给你吃，所以你就好好期待吧（微笑）。"

只要这样事先交代清楚，大部分的老公都会很安心，也不会战战兢兢地跟到门口，扯着嗓子追着要出门的老婆问："我的午餐呢？"就算偶尔出现这种状况，也只需要拿出记事本跟他说："你自己看，我是要照计划去上舞蹈课啊，午餐你自己解决吧。"就算是不在计划上的外出行程，也要先心平气和地告诉他："我今天突然有事要出门，午餐你随便吃一吃吧，到家大概是下午四点了。"不要默不作声就准备出门。如果默不作声地开始穿丝袜，男性脑会不安得难以忍受。

如果要让对方了解长期规划，或许也可以在月初召开例月会议。假如太太不嫌麻烦，甚至可以在会议上报告经营概况（上个月有多场婚宴，交际费比较多，但这个月没有预计支出的交际花费等等）。虽然没有太大的意义，但丈夫应该会觉得松一口气，因为数字能安抚男性脑。

这一点对年轻男性也一样。就连我读高中的儿子，放假看到母亲突然化起妆来，也会问："怎么化妆了？你要出门吗？"与平常不同的事态会折磨男性脑，因为他们会感到女性脑无法想象的不安。

我在丈夫退休前并没有共同准备记事本，但客厅有贴月历，上面用红色马克笔大大地写着我的行程，回家时间也清楚标示了出来。不仅如此，周日晚餐后还会确认当周的行程，每天早上也会再确认当天的行程。

不过，有时即使都做到这种程度了，老公还是会问："你明天会去哪？几点回来？"这时，我会尽量不表现出内心厌烦的情绪，回答他："就像月历上写的一样，我要去名古屋出差。预计晚上七点到家，我会买炸虾饭团跟箕子面回来，你放心吧。"

女人面对与平常不同的状况时，会动员脑中积累的知识，发挥临机应变的特长，所以，她们常能冷静应对状况的变化。反之，如果把行程规划得太详细，反而很难找出应变的方法，并感到束手束脚。

我一向认为日报、周报、报告书会扼杀女性业务员的创造力。女性脑的真本事就在于临机应变。女性可以凭着一早观察到客户的脸色或互动情形来变更当天的计划。凭感觉察知数字上无法表现出来的潜在信息，然后当场微调目标。因此，让女性用详细的纸上数据去建立明天或下周的详细计划，在感性上是很难忍受的。话虽如此，职业女性都知道这是商业人士在组织中生存的义务，因此会努力坚持下去。

所以说，其实放手让女性去发挥，才是激励女性最好的方法。如果想让女性团队有最佳表现，最合适的一句话就是："照你喜欢的方式去做，有事我负责。"而且若能从旁温柔守护，保持不远不近的距离，那就更完美了。因为太放任不管的话，我们可是会说"你都不了解我"的哟（微笑）。

不过男性则稍有不同，他们不像女性这么讨厌在日报或周报上填入数字。男性脑受不了没有确认过计划与成果的业务。

这种男女差异在女性上司管理男性部下时更为明显。女性上司对男性部下的日报或周报不会给予太热情的反应，因为预测数值这件事情本身就很空，所以，她也不会想要帮忙微调预测数值或对达到目标感到高兴。

出乎意料的是，男性部下看到女性上司大致瞄了一眼报告书的那一瞬间，会感到受伤。男人的工作动力就在于此，他们也有可能在女性上司不知道的情况下逐渐失去动力。而且他们不会站出来讲明失去动力的原因。因此，还是希望女性能够将这种差异铭记在心。否则努力打拼的职场女性如果在这种地方被扯后腿，那未免也太悲哀了。

这个会扯女性上司后腿的男女差异，同样也可以套用在退休后的家庭上。

妻子想根据当天的天气或心情决定做什么，但丈夫一定要确认计划与成果才会感到安心。因为这是退休之后两人第一次共度一整天的时光，所以影响恐怕比女性上司升职时还要大。

在丈夫习惯妻子的临机应变之前，夫妻最好共同准备记事本。这份觉悟会大幅提升日后生活的舒适度。对于以往没有确认行程习惯的家庭主妇来说，一开始或许会感觉很麻烦，但希望各位不妨一试，就当作是抗衰老生活的一环，借此活化没用过的大脑回路吧。

小节
划重点

为了避免熟龄离婚，建议夫妻可以共同准备记事本。然后每周固定一天在特定的时间开会。只要像这样事先交代清楚，大部分的老公都会很安心。

为什么
女人
拒绝晋升？

只要有理解自己的人，就
算是再怎么看不清未来的
状况，女人也能够努力奋
斗。女人并不是想要别人
的称赞，而是想要别人的
理解。

拒绝升迁的女性越来越多。

听说在部长以上的行政管理阶层，也经常出现一被打听升迁意愿就递辞呈的情形。明明既优秀又充满斗志，如果升迁了应该会很高兴才对啊，男人往往无法隐藏他们的惊讶与困惑。

在男女雇用机会均等法实施初期进入职场的人，现年约四十五到五十岁，如果一路顺遂，正好是即将踏入行政管理阶层的阶段，而且现在这个时代的企业注重兼容并蓄（多元化与包容性），更乐于见到女性干部的活跃。

不过可靠又优秀的女性员工通常不想升迁。

在二十几岁的阶段，女性员工可能比男性更有斗志与实力；到了三十岁之后，变成男性员工比较可靠；再到四十岁以后，男性更是远远地把女性甩在了后面。也有不少男性经营层苦着脸抱怨，女性就算二十几岁时很优秀，也不值得期待。

每每听到这样的话，我都不禁感叹："哎呀，太可惜了。"二十几岁优秀的大脑，不可能到了三十几岁就不优秀了，只是周围环境没能让她们保持斗志罢了。本来在优秀的女性管理阶层协助下，应该可以靠她们与生俱来的那种面对无法预期事态时的韧性、丰富的想象力与管理变通的能力，来弥补男性的不足之处，使团队如虎添翼才是。我不是为女性感叹，而是替男性感到可惜。

女性脑联结右脑（感觉区）与左脑（直接联结显意识、掌管思考的区域）的神经纤维束（也就是胼胝体）比较粗，这样的女性脑喜欢对照自己的心情，并充分认同与接受。反观左右脑连通不频繁的男性脑，由于不擅长对照自己的心情，因此更重视客观的指标。

所以，男人对于工作成果也倾向于用升迁或报酬等客观指标来获得评价。由于他们很难用自己的心情去衡量工作成果，因此只要获得客观评价，男人就会安心地觉得："我也做到这种程度了。"就算每次都听到固定那几句了无新意的赞美，还是会感到高兴，这也是男性脑的特征。

然而，女性并没有这么看重客观评价，反倒是上司如果能够看见自己辛苦突破困难的瞬间并口头表扬，例如赞赏她："你当时很干脆地低头了呢，你已经成为专业人士了。"这样的上司回馈更能大幅提高她们的工作动力。因为女性脑只要听到对方讲到心坎里，就会觉得自己本身好像也获得了认同。

反之，就算业绩获得第一而被称赞"你业绩很不错哦！"感觉好像也没什么了不起。三番两次听到这样的话，久了甚至会感到空虚，心想："反正只要业绩好，谁来做都无所谓吧？"

通常越是优秀的女性员工，越常被夸奖成果，因此内心深处更容易产生"没有真正了解我这个人"的无尽绝望。"你这么优秀，务必要成为董事会成员。"她们在听到的瞬间，心里就会觉得："我绝对不要扛下那个责任，我再也不想为了一个不是非我不可的位置拼得要死要活了。"

顺便一提，各位知道称赞美丽的女性"你真漂亮"，同样也有反效果吗？这会让人产生一种空虚感，她不禁会想："哼，不过就是看脸吧。"也就是"你并没有真正了解我这个人"。美女不见得幸福，就跟优秀的女性员工会拒绝升迁一样，在脑科学上都是遵循同样的法则。称赞女性显而易见的客观成果或优点时，最好避免毫无新意的恭维。

不过如果对象是太太，同时称赞成果与过程也没关系，因为日本男人实在太不爱称赞妻子的成果了。"你炸的天妇罗真的很好吃。"像这样评价成果之后，希望各位丈夫也务必慰劳妻子在制作过程中的辛劳："天气这么热，你炸得很辛苦吧？"

女人并不是想要别人的称赞，而是想要别人的理解。

只要有理解自己的人，就算是再怎么看不清未来的状况，女人也能够努力奋斗。就算让男人当上司，踩着自己向上爬，也会不辞劳苦。还请多理解职业女性的心意。

例如，当上司做的判断好像不正确时，也有女性会展现高难度演技，故意抢先一步激怒客户，让上司意识到这件事。这时上司也不得不叱责她，其中或许也有上司真的认为都是她的错。但只要有"心理上的一体感"，女性很少因为这种事情感到自尊心受创。即使持续做看不见未来的工作很多年，免疫力也不会下降。

不加以活用如此强韧的女性脑，简直是企业的损失。重点就是给予理解而已，只要把赞美的焦点从男性脑的角度稍微转变一下就可以了。请各位务必一试。

小节
划重点

如果对象是太太，同时称赞成果与过程也没关系。评价成果之后，希望各位丈夫也务必慰劳妻子在制作过程中的辛劳："天气这么热，你炸天妇罗炸得很辛苦吧？"

結婚
第二十八年
法則

踏上漫长夫妻旅程的两
人，会在第二十八年陷入
与新婚时期完全相反的
感性状态。结婚三十年
之后，平时看不顺眼的丈
夫，应该会逐渐恢复从前
那般可爱。

人的大脑有感性的七年周期。

正如前文中提到的，这种生理循环起因于中枢免疫器官的骨髓液每七年就会汰旧换新一次。

生物对外界刺激没有反应是一件很危险的事，但如果刺激持续很久却迟迟无法适应，也是一件很危险的事。因此，大脑对于某种程度上的刺激，一开始会有所反应，接着逐渐减缓，最后变成完全习惯（厌倦）的状态。

例如刚从乡下搬到都市生活，入住干道旁的公寓，一开始会被车声吵得睡不着。如果这种状态一直持续下去，生物长时间接收强烈的外在刺激，对其他刺激的防御会逐渐变得薄弱。不过人类的大脑设计精良，久而久之就不会在意车声了。几年过后，人们自然会完全适应都市生活，反而在回到乡下时，有可能被蛙鸣声吵得无法入睡。

这种过了几年就会完全逆转的现象，趋近骨髓液汰旧换新的七年周期。

当然，与死亡有关的刺激，不管过了几年都不会习惯，对于生存必不可缺的刺激也不会感到厌倦。孩子对于每天做饭给自己吃的母亲，不会因为过了七年就感到厌倦。但是，孩子是出生第七年上小学，开始拓展生活的边界；第十四年踏入青春以后迎来叛逆期（在那前一年转换到中学教育，即培养社会性的阶段，准备应付大脑的变化）；第二十一年获得投票权，正式被承认为成人（现已调整为十八周岁）。大脑依循着七年周期逐渐蜕变，似乎也是获得社会承认的事实。

顺便一提，七七四十九岁是男性患病与寻短见的高峰，也是男女进入更年期的入口。在这个汰旧换新的一年，请务必珍惜保重。就算对人生绝望，那也只是大脑一时厌倦而已。只要撑过这段日子，会再次产生生存的自信与好奇心。

大脑看上去像是对现实做出反应，实际上是非常强烈地遵循着内心的感性。事实上，不是因为现实很残酷才感到绝望，而是因为大脑本身对至今为止的人生感到厌倦，所以才会刻意去找出应该感到绝望的现实。

所以，年届五十找不到应该感到绝望的现实的太太才会说："孩子都各自独立，老公也忙着工作，不听人家说话，真是空虚。"这也是一种"自体中毒"吧。虽然我这样写，但绝无轻视大脑这种空虚感之意。因为大脑这种无法转嫁责任到外面的痛苦，真的很折磨人，简直跟现实的苦难没有两样。正因如此，我才希望各位能够了解，这是一种自体中毒。但愿各位能够聪明地撑过去。时间是最好的解药。

我们的大脑就是这样，每经过七年周期就会彻底改头换面，所以新婚的甜蜜也不会持续到永远。世上再怎么相爱的夫妻，总会迎来倦怠的一天。

原本爱得你侬我侬的两人，生活在一起久了，会尽可能躲避对方的目光。从脑科学的角度来说，这也是理所当然的结果，夫妻的真谛就在于后续的关系建立。

每对夫妻新婚的起点都不尽相同，因此夫妻开始互相躲避目光的周期也各有不同。不过如果是流行事物，社会上会发生的一种现象是，由于大众全在同一时期接触到相同的事物，因此，所有人也会集体在同一时期开始对相同倾向的事物感到厌倦。

各大车厂纷纷推出色彩缤纷的圆形车是在二〇〇二年前后。当年新款March问世，小型房车也进入销量爆发期。这股风潮甚至吹到锁定男性客群的车款，包括丰田bB、大发Tanto、本田Zest、三菱i等等，圆润可爱风弥漫整个市场。

七年后，到了二〇〇九年，刻意强调方形的汽车广告登场了。包括高唱"嘿！四角"的丰田Rumion、"方方正正的四角MOVE"的大发MOVE Conte。日产Cube也特别强调四方形的设计。除此之外，Rumion到了二〇一〇年更进一步推进方形策略，不仅把广告台词改成"嘿！ Rumion，四角系！"更把人气小小店长的脸用CG变成立方体等等。二〇〇九年掀起话题热议的油电混合车（Insight、新款Prius）都有锐利的车头。

二〇〇九年前后开始的"四角、直线"在各种行业上的回归，我们研究所早已预告在先。即使如此，这些案例的出现还是不禁令人感到兴奋。二〇一〇年一月开始播放的电视剧有《女人不妥协》与《率直男人》，这也让人不禁莞尔。

只要像这样运用七年周期的定律，预测未来的流行趋势也不是不可能的事。

好了，那么话虽如此，汽车的设计还是偏向圆润、可爱。与之前的 Skyline 或 Celica 比起来，Rumion、Cube 或 MOVE Conte 仍然属于圆润可爱的类型。

事实上，每经过 7 年 × 4 = 28 年这么长的周期，人的感性就会走向另一个极端。从开始对圆润可爱车款感到厌倦，到说出"四角、锐利"的营销口号经过七年，然后等到街上的车真的大致替换成锐利型车款，已经耗费二十一年的时间。

从现在回推到二十八年前，大概是一九八〇年前后。请各位回忆一下，当时汽车是由锐利的直线所构成的箱型 Skyline 或 Celica 的年代。流行时尚也争相融入锐利的元素，例如缝入肩垫的中性外套、窄管裤、剪齐烫直的发型等等。

在那个时代，据说偏辣口味的饼干、超级薄荷口香糖或糖果，大受欢迎。不仅是看得见或摸得着的东西，吃进嘴里的食物也偏好刺激的味道。由于大脑的感性区直接与五感连接，像这样把世上流行的事物串在一起，就能看到明确的共通点，很有意思。

当年那些偏好辣味的女孩子，说话的方式也很辛辣。对结婚对象提出"三高"（高学历、高身高、高收入）条件，把男人玩弄于股掌之间的，也是喜爱"锐利时代"的齐发，服装穿搭强调身材曲线的女子。

然后到了二十八年后的今天，汽车造型变得圆润，女孩也把头发烫卷，搭配荷叶边或蝴蝶结，喜欢柔美闪亮的造型。零食来到甜的时代，便利商店甜点或百货公司地下街的甜点新品，如今也成为每季必聊的话题。女孩子说话的方式也变得比较委婉，好像还有"三低"（低风险、低束缚、低姿态）的说法。

然而，这种甜腻的时代也已经过了巅峰期，差不多是刚直的风气该回来的时候了。从四四方方的汽车、电视剧《女人不妥协》那一阵子开始，已出现些许预兆。我们正朝着超锐利的时代开始长达二十八年的旅程。

二十八年，是大脑感性的关键词。当然，与夫妻关系也不是毫无关联。

事实上，结婚第二十八年是夫妻关系最危险的时候。因为克服七年之痒，踏上漫长夫妻旅程的两人，会在第二十八年陷入与新婚时期完全相反的感性状态。

曾经觉得温柔又大方的老公，如今变成了优柔寡断又散漫的懒虫；曾经觉得很有男子气概、很可靠的老公，如今变成了少根筋的老大爷。虽然丈夫的确有所改变，但妻子女性脑的感性变得更多。

当然，男性本来就不是在感性驱使下才决定结婚的，因此，他们似乎不至于对女性产生"烦死了，讨厌得受不了！"的感受。

如果在三十岁结婚，结婚第二十八年就是五十八岁。"熟龄离婚"这个流行语，就是战后婴儿潮这个时代的人结婚的第二十八年前后流行起来的。拼了老命换来经济高增长期的丈夫，在此时被妻子抛弃。一想到那是大脑的生理反应造成的，总觉得有点哀伤。

而且大脑的感性振幅，如果增幅越强，减幅也会越强，因此过去越是爱得无法自拔的夫妻，越容易在第二十八年出现激烈的抗拒反应。

"老公只是走进厨房，就让我感到烦躁。"妻子的这种感受，会从结婚第二十一年开始逐渐显化。在我家，则是在结婚第二十二年的夏天出现的。

当时我在刚打扫完的客厅悠闲地看报纸，老公突然走进客厅。然后他打开冰箱看了看。当然，这是他的家，也是他用工作奖金买的冰箱，他当然有开冰箱的权利，但是那天我实在受不了老公的那个举动。我问他："干吗？"老公说："我渴了。"我回他："哦。"语气似乎有点冷淡。"你不高兴了吗？"他接着问。

我没有回答，只建议他："要不要在你房间放一台小冰箱？"老公问："为什么？"我就回答："因为这样你就不用来这里了。"当下我察觉到自己实在太过冷淡，便深深地自我反省。所幸教养很好的老公只是平静回答："走到客厅而已，不麻烦啊。"最终安全收场。

这时儿子也来了。循着跟父亲一模一样的路线，然后同样打开冰箱门看了一会儿。

"怎么了？"我问。"我渴了。"儿子说道。说的话跟老公一模一样。不过，从我口中说出来的回答却截然不同："要不要帮你冲一杯冰红茶？西瓜也冰好了。"

就读高中的儿子一脸漠然："不用了，我喝大麦茶就行。"说完便自己倒进玻璃杯里，转身离去。

"这样啊。"我有点失望地转头一看，才发现老公还在那里。"干吗？"我问。"你要冲冰红茶，对吧？"

啥？帮你冲杯茶？

我心里虽然是这么想，但我当然没有脱口而出。我一边悉心帮老公冲泡红茶，一边告诉自己，未来几年都要用心对待他才行。但就算是这样，肯定也只有对儿子用心的八成而已。

难熬的第二十八年，一定要好好熬过去啊，毕竟我写了这种书嘛。"这本书的作者黑川伊保子嘴上讲得头头是道，自己却离婚了。"至少得避免这种窘况。

好了，如果妻子不晓得夫妻第二十八年的法则，却碰到这种烦躁的情况，大多会认为是对方的错。如果丈夫又说了什么少根筋的话，妻子就会突然觉得自己是受害者，有种很可怜的感觉。大约从结婚第二十六年开始，这样的情形会显著增多。

请各位做老公的人，尽量努力在第二十五年的银婚纪念日多赚取一些分数吧。还有啊，请夫妻一起阅读这本书，也务必介绍给朋友、亲戚、熟人（得寸进尺）。

我也想劝告身为妻子的人，从脑科学的角度来说，结婚第三十年之后，平时看不顺眼的丈夫，应该会逐渐恢复从前那般可爱。到了结婚第三十五年，甚至会体验到从来没有过的一体感。原本总说"旅行最好跟女生朋友一起"的妻子，大约也是在这个时候开始改口："果然还是夫妻一起旅行最自在。"

从脑科学的角度来说，夫妻必须彼此相伴三十五年，才会懂得其中的真谛。如果没有过度违反人性的行为，却在结婚第二十八年，因为厌恶感而离婚，或许是件很可惜的事。如果哪天觉得这个家伙真是气死人了，不妨想着"这也是过去曾经爱得轰轰烈烈的证据"，睁一只眼闭一只眼吧！

小节
划重点

请各位做老公的人，尽量努力在第二十五年的银婚纪念日多赚取一些分数吧。还有啊，请夫妻一起阅读这本书。

NO.20

一家之主
的碗

维持自尊心的方法，似乎
会成为我接下来一段时间
要讨论的主题。"一家之
主的碗"——说不定其中
也存在着男人自尊心的
关键。

前几天我在看电视剧，突然想到一个遗忘很久的词，就是"自尊心"。

那部电视剧是日本电视台的《草食系高校武士》，主角是一个高中三年级的男生。他没有什么特别想做的事，也没什么特别擅长的科目，就是个考到哪在哪读的人。他的身体非常健康，家庭也没有崩坏。他的人生没有特别要证明给谁看，也没有遭遇困境，因此一直以来都没什么长进。有一天，他的战国武士祖先附身在他身上（而且在本人还维持着自我意识的情况下，时不时被夺走主控权），就此展开一段荒诞的故事。

前几天那集的剧情是，他青梅竹马的女同学在网络上被诽谤中伤，网站上吵得沸沸扬扬，已到了无法收拾的程度。

这个女生想要成为歌手，因此趁晚上偷偷在街头演唱自己的歌，磨炼自己的技巧。路过观赏的行人把她唱歌的样子上传到网络上，网友纷纷留下"好可爱""歌还不错啊"等善意的评语，也有因为一些小小的原因诽谤中伤的留言。他留言想要制止，却被疯狂咒骂"去死"。

明明是自己主动关注人家，等到人家关注度提高后又转为嫉妒，把人家骂得体无完肤，不假思索地使用"死"这个字。网络上这类事件，如今在现实中也是常有的事。受害的女孩认为大吵大闹实在很难看，因此假装若无其事。这也是现代大部分高中生会有的反应。

不过附身在主角身上的战国武将看到画面上满满"去死"的字眼，气得怒火中烧。"能叫我去死的只有主公大人，这个不敢具名的懦夫竟敢口出狂言！"主角被他的怒火感染以后，对嘴上说"我无所谓"的女生这样说道："我觉得，你不能因为那样做比较轻松，就试图忍耐过去……我也说不清楚，总之就是觉得不行。"

女孩的内心深受感动，因此，毅然决然向周围的人宣告："我非常受伤。虽然只有一部分的人那样写，但我总会心想是不是所有人都是那样想，变得无法相信任何人，我真的受伤了，所以，我希望你们适可而止。"她顺着那种心情发誓，无论是考试或是成为歌手的梦，她都不会放弃。

"啊，自尊心哪。"我开口说道。电视剧的登场人物中，没有一个人使用这个字眼，不过其中描绘的，就是自尊心的萌芽。

日本这个国家一直有个观念，那就是大家认为即使要对自己的心情说点谎，也要让周围的事情圆满解决，这样才是大人。这当然也是一种美德，不过一旦养成对自己心情说谎的习惯，就会逐渐失去某种东西。我想那是否就是自尊心呢？

为了梦想小心翼翼地踏出第一步，如果在被玷污的情况下忍气吞声，她最后肯定会放弃那个梦想。不过女孩选择说出自己的愤怒，从此告别那个恶意的深渊。为梦想忍气吞声成了过去式，应该也不会再有什么事能玷污她的梦想了。她守住了自己的梦想。

那么，自尊心又是从哪来的呢？

就在我思索这个问题时，把头枕在我膝上浏览机车杂志的儿子开口了："这部重机，你不觉得和以前的很像吗？但这是大改款的哦。"

他说，川崎的名机Z1000每年都会大改。时代的"正解"并不是每年变换的东西，而是与去年款式相似的东西。但是为了不让技师的士气下降，有些东西本来可以只做局部变换，但川崎一律都会大改。不觉得这样很棒吗？所以他的下一部重机想买川崎。

下一部重机？在那之前，你还有其他事情要做吧？（儿子上高三，现在正是面临关键时刻的准考生）话才到嘴边，我又收了回来。此时，我脑中突然想到娘家爸爸的碗。爸爸的碗跟其他家人的有一线之隔，是又大又昂贵的"一家之主的碗"。我家并没有准备一家之主的碗，因为不好放进洗碗机里。但说不定其中也存在着男人自尊心的关键。

下次放假，去买两个一家之主的碗回来好了。一个当然是给老公的，另一个给即将开始独居生活的儿子。即使只有一个人，你仍是自己生活的"主人"。听了这番话，带着独具风格的碗一起离开家里，相信他也不会过着太散漫的生活。

维持自尊心的方法，似乎会成为我接下来一段时间要讨论的主题。

小节
划重点

一旦养成对自己心情说谎的习惯，就会逐渐失去某种东西。那是否就是自尊心呢？

英雄
时代

在年轻人害怕被别人说不会察言观色，不得不迎合周围的现在，能够秉持自己的信念并坚持贯彻的年轻人，将吸引大众的目光。如果用二十八年的单位检视社会，就会看见大众的感性趋势。

人的大脑有感性的七年周期，并且会在那四倍的二十八年之间，迈向完全相反的感性。如果用二十八年的单位检视社会，就会看见大众的感性趋势，非常有趣。这件事前面也写过了，此处我想再稍微深入探讨一下。

　　社会大众有一种交替轮回的习性，会对某种事物维持二十八年的兴趣，然后再对完全相反的事物维持二十八年的兴趣。

　　正如前文所述，大众曾经偏好锐利的事物二十八年，也曾偏好圆润的事物二十八年。

　　现在正好是圆润甜蜜时代的尾声，女孩说话不再像二十世纪八十年代的女郎那样尖锐。不同于经常把"三高""别妨碍我""无法原谅"这些话挂在嘴边的八〇年代，如今充满着"我会守护你""没问题""不要在意"等体贴的表达方式。年轻人也最怕被别人说"不会察言观色"。

不过各位男性啊，千万不能在这个"女人很甜美的时代"掉以轻心，因为越相信别人，遭到背叛时的恨意也越深，这可不仅限于女性脑而已。这几年来成为首相的那些人都曾经备受期待，然而，这些官员换了位置就仿佛换了脑袋。社会上，年轻人接二连三以极端的方式，排解积闷已久的愤恨，一般的人际关系恐怕也相当复杂纠缠。倒是一直强调"男人必须有三高"的女生，放着不管也不会有事，因此说不定远比你们轻松多了。

这个甜蜜黏腻的时代，也差不多要由盛转衰了。

对甜腻的人际关系感到厌烦的大众们，将逐渐恢复原本性格上的锐利感。我把未来这段恢复锐利感的十四年，命名为"自尊心的时代"。因为我发现支撑人格锐利度（刚直、率直）的，一向都是自尊心。

在年轻人害怕被别人说不会察言观色，不得不迎合周围的现在，能够秉持自己的信念并坚持贯彻的年轻人，将吸引大众的目光。

曾在温哥华奥运上，成为女子滑冰史上第一个成功完成两个三周半跳的浅田真央，在受访时被问道："全世界都在说，高难度跳跃的评价太低了吧？"当时她回答：
"或许是这样没错吧，但我还有其他可以做的事。今后我
要专注的，就只是——完成那些事情而已。"

那份坚毅与强烈的自尊心，打动了许多职场女性。普
遍而言，三十岁以上的职业妇女不太会支持十几岁的少
女，这群妇女中竟然很难得地出现许多浅田真央的粉丝。
（职业妇女并不是嫉妒少女的年轻，她们尊重的是经验，
因此她们不太会崇拜年轻女子。）

二〇〇九年，继美国名人赛之后，又出席英国公开赛
的职业高尔夫球选手石川辽被问道："如果你再见到老虎
伍兹，会怎么跟他打招呼呢？"他回答："说不定他已经
忘记我了，所以我会再次向他介绍自己。"这种爽朗的态
度也很不错。

不害羞、不胆怯、说话率直的年轻人的确越来越多
了，旁人对他们的好感度也日益提升。

不久之后，将进入每个人开始察觉自己的自尊心，并
学会尊重他人自尊心的时代。社会大众会开始希望替那些
比谁都努力的聪明人加油打气，年轻人会崇拜特别的英

雄，恢复锐利的作风。时代正兴起这样的风潮。

事实上，不仅是对人物如此，能够让人感觉到开发者精神的商品，也开始受到大家注目。对于投注大量心血的"世界第一"或"世界最初"，大家逐渐愿意支付相应的价格。从今以后，市场上应该会冒出许多标榜"世界最××"的商品。群众对商品的态度也将逐渐改观，由推崇藐视创作者自尊心的廉价商品或无视本质的过度装饰（例如在世界最薄的手机上装一堆吊饰）的时代，开始迈向感受创作者精神，并愿意支付相应价格的时代，逐渐回到健全的创作土壤。

上一个"自尊心的时代"是一九五七年到一九七〇年，后面五年与昭和的伊奘诺景气①刚好重叠。一九五八年是东京铁塔完工那一年，中间一九六四年则举办了东京奥运会。

顺便一提，这次的周期是二〇一三年到二〇二六年。

---

① 伊奘诺景气，指日本经济史上自一九六五年到一九七〇年，连续五年的经济增长时期。

奇妙的是，揭幕的年份刚好是号称新东京铁塔的天空树预计完工的时期。刚好在这个人心重新开始向往"世界第一"的时期，直上云霄的天空树远远超过东京铁塔，完工时将成为世界第一高的电波塔。

上一个循环的"自尊心时代"是在一九五七年揭开序幕。在那前一年，一位在日后被称为"日本人最爱的男人"的大明星出道了，那个人就是石原裕次郎。

在时代交替之际潇洒登场，俘获人心的他，屡屡缔造新的传奇，在演艺圈红了二十八年。那部《向太阳怒吼！》从一九七二年播放到一九八六年，总共播放了七百一十八集。

石原裕次郎刚好在出道第二十八年从电视上消失，退隐三年后逝世。他过世的一九八七年正好是日本趋势剧的全盛时期。那时通常流行的电视剧是登场人物超级爱自己，高调炫耀被名牌包围的时尚生活方式。那个全体大众追逐享乐的时代，吹起与裕次郎全盛时期完全相反的风潮。朴素、直率是很逊的事，华丽、灵活才是最酷的事。

潇洒走过崇尚直率的"自尊心时代"，石原裕次郎仿佛在宣告那个时代的结束后耗尽了气力。毫无疑问的是，他肯定是被时代选出来的英雄。

一九五八年，也是棒球界永远的英雄长嶋茂雄加入巨人队的那一年。

再往前五十六年，是《坂上之云》所描写的秋山真之晋任海军少校的那一年。同一时期，年轻的可可·香奈儿（Coco Chanel）是法国远近驰名的帽子设计师。

看来，那个年代是传奇人才浮出水面的时候。

"自尊心时代"揭开序幕的前后几年，或许可以狭义地称作"传奇创生期"或"英雄的时代"吧。

传奇创生期，被时代选中的是一群不在意别人的眼光、昂首挺立的英雄。

他们不可能把自己当作受害者。长嶋茂雄或石原裕次郎抱怨"好过分，我都这么努力了"的样子，简直无法想象。他们也不会把发生在自己一个人身上的不幸，认为是天塌下来一般，就像《在世界中心呼唤爱》这类作品。二〇一三年，被时代选出来的，只有能够默默接受被赋予的使命，并散发出坚毅光芒的人。只要做得到这一点，即使不是体育界或演艺圈的明星，也能在各个角落创造传奇。

而且，创造传奇似乎与年龄或性别都无关。香奈儿在两个循环前的传奇创生期（一百一十二年前）闯进社交圈，最后创造出风靡世界的香奈儿品牌，后来虽然一度引退，但又在前一次的传奇创生期（五十六年前）再度复出，当时的香奈儿已经七十二岁了。一九五五年发表的香奈儿经典套装，成为职业女性心中的梦幻逸品，如今也依然灿烂夺目。

这一回，她因为电影与书籍再次成为全世界关注的焦点。二〇〇九年到二〇一〇年，总共有三部描写香奈儿人生的电影上映。到了这个程度，传奇巨星还在不在世似乎也没关系了。最近也有两部描述一九五七年就任革命军司令的切·格瓦拉（Che Guevara）的电影上映。至于石原裕次郎，民众则是在大型佛寺举办的大规模的法会上纪念这位时代巨星。二〇〇九年年底，描写秋山兄弟两位英雄的《坂上之云》也终于改拍成电视剧了。时代完全兴起歌颂英雄的风潮，甚至连逝世的英雄也重新成为镁光灯的焦点。

来吧各位，缔造传奇的机会来了。

请尽快褪去时代的黏腻，成为一名昂首挺立的英雄吧！我感觉现在已经不是讨论什么心机脑或男女脑的时候了（虽然我没立场这么说）。

小节
划重点

能够秉持自己的信念并坚持贯彻的人，将吸引大众的目光。

大脑
的
人生学

如果有人觉得三十几岁那个阶段，自己活得很痛苦，请为你的脑感到高兴，因为其中肯定存在着明日的真理。

顺从内心的想法，不会走错路。到了人生达人的层次，应该会越来越有意思才是。

各位知道人生最聪明的阶段是什么时候吗？

其实是五十五岁以后。若从大脑的状态来看，人生的巅峰来得意外的晚。

五十五岁，大脑会让人的联想记忆力发挥到极致。这是一种透视事物本质或人的资质的能力。

《论语》中有提到，孔子反省自己的人生后说："五十而知天命。"这就是联想记忆力发挥到极致时，大脑主人将体会到的实际感受。

五十五岁的大脑，简单来说，就是如果世界上有十条路可以选择，只看得见两种选择的大脑。不过那两种选择对大脑来说，是最必要、最好的两种。因为看不到多余的部分，所以不会迷惘。能看清事物的本质，人也很清楚自己的资质，明白自己的存在价值，大脑要真正达到这种状态，必须等到五十五岁以后才行，连孔子也不例外。人生是急不来的。

此外，这种能力似乎也有助于提升战略力。听说日本将棋棋士的米长名人说过："我在二十几岁的时候，可以预测未来几十步、几百步棋，到了五十几岁时，虽然没办法这么做了，却不知为何比二十几岁时还强。"在第一时间看见本质，应该就是战略的核心吧。从这层意义上来说，掌握事业战略的真髓，肯定也是五十五岁以后的事了。或许就是因为看不见那个本质，三十几岁的人才总是滔滔不绝地讨论美式经济学吧。

顺便一提，从脑生理学上来说，这个年纪的人可能会开始出现轻微的脑梗死，此时或许会因为核磁共振影像显示大脑有点老化而感到不安。不过，一旦具备只看得见本质的那两成的能力，即使有这种轻微的梗死，年老的大脑也能派上用场。从脑功能论的角度来说，年纪的增长一点也不需要害怕，只需要知道现在跟年轻时不一样就好了。

那么在五十五岁之前，人的大脑究竟带有什么样的使命呢？

脑的记忆力分成单纯记忆与联想记忆两种。一般提到记忆力，指的都是单纯记忆。这种单纯记忆力最发达的时期，是十五岁到二十几岁。由于这种迅速吸收大量信息并长期保存的能力，也就是单纯记忆力，使人看起来好像头脑清楚，因此似乎有很多人以为人生智力的高峰是在二十几岁的时候，但现在下定论还为时过早。

顺便一提，幼年期也可以把大脑当作优秀的单纯记忆脑使用，但那不是幼年期的大脑使命。万一勉强这么做，有很多人会泯然众人矣，因此请多加注意。

单纯记忆力，不只是吸收知识而已，也是一种汲取各种经验进入脑海的功能。除此之外，由于生殖荷尔蒙也磨炼着动物本身的直觉力，因此人们从许多经验中掌握诀窍的能力会发挥到极致。也就是说，从十五岁到接近三十岁的大脑，是以完全掌控世上十条路的选择为行动使命的。不顾一切地前进，也不做任何选择取舍。

换言之，凭着单纯记忆力生存的阶段，只不过是在打好人生的基础，恐怕也不知道自己是什么样的人吧。总之，这是个"使命必达"的时期，也是充分有能力这么做的时期。没有余力也没有权利去思考"微积分到底对人生有什么帮助？"或"这份工作真的适合我吗？"

二十五岁之后，单纯记忆力开始下滑，大脑终于在这时冷静下来，不再疯狂地搜集信息。于是大脑主人开始看到周围，建立社会自我。

　　这样一想，孔子实在很了不起。"吾十有五而志于学，三十而立"，就是说在单纯记忆力迎来巅峰的十五岁钻研学问，趁着巅峰期埋首学习，在单纯记忆力开始下滑的二十几岁的尾声建立社会自我。

　　孔子应该是个非常顺应自己头脑的进化或成熟，而且坦率表达出来的人吧。他或许是在顺应自然的部分非常突出，而不是什么过人的天才。所以，即使过了两千五百年，他依然受人敬重，大众依然能从《论语》中学习到人生的普遍真理。

　　顺便一提，现在有些人仿佛对恋爱或工作都失去冲劲，似乎能看得到结果会如何，自己能感觉到单纯记忆力的下滑。

　　孔子也说过"四十而不惑"。我在时隔数十年后再度接触到这段文字，不禁会心一笑。心想，连孔子也曾在三十几岁的阶段对世事感到迷惘啊。

三十几岁是一段混沌的时期。过了单纯记忆力的巅峰期，却离联想记忆力的巅峰还很遥远；无法像年轻时那样横冲直撞，但也缺乏创意能力；无法像二十几岁那样一个劲儿地以自我为中心，也敌不过五十几岁的自信；同时，职场的期待越来越高，家庭负担也越来越重。内心虽然感到胆怯，却必须虚张声势，所以只能依赖着客观评价不断挣扎。

　　不过，这也是大脑的生理状态所造就的人类共同的处境。

　　三十几岁的脑，是在有十条路可选择时，十个结果看起来分量都一样的脑。所以在选择时会迷惘，选择之后还是会困惑。明明想要成为专家，却又怀疑这是不是自己的天职；即使结婚了，也会怀疑这个人真的是对的吗？彷徨困惑带来很多痛苦感受。

　　不过，这种痛苦的感受，正是培养五十几岁看透本质的关键两成的能力之重要功课。如果偶然成为时代的宠儿，在三十几岁就出人头地，也有可能在五十几岁陷入看不见本质的悲哀境况中。当同龄人都知天命时，唯独自己找不到一路走来的意义，觉得人生很空虚，各位应该想得到几个沦落到如此下场的过气名人吧？

现在正在阅读这本书的读者之中，如果有人觉得三十几岁那个阶段，自己活得很痛苦，请为你的脑感到高兴，因为其中肯定存在着明日的真理。

来到混沌的三十几岁的尾声，在即将迈入四十岁之际，任何人的脑都会很自然地开始忘东忘西。令人意外的是，这也是大脑很重要的进化过程。

大脑将单纯记忆力切换成联想记忆力时，会释放掉多余的记忆。电影演员名字或是不太常用到的惯用句等等，都会忘得一干二净。这并不是老化，请各位放心。一旦开始变得健忘，就不会被不必要的事物影响，人就不会再感到迷惘了。孔子肯定也是在年届不惑时开始忘东忘西的。

四十几岁的阶段，是原先看到"十分之十"的大脑开始逐渐舍去数字的过程。因此，随着年龄的增加，人也越来越快活。再加上还有体力，因此也是可以充分感受到年富力强的岁数。

然后，到了五十几岁的阶段，人生就会到达"看透本质"的阶段。不过若以大脑功能论而言，只不过是看透"自己的本质"而已，可以说还处于很稚嫩的状态。

　　根据孔子的说法，六十几岁是"六十而耳顺"。换言之，直到进入六十几岁的阶段，才开始能真正听进去别人说的话。到了六十几岁，连"别人的本质"也能一同看透了。哪怕是连路边绽放的野花或婴儿的笑容，都能看出一些个中真谛，肯定也知道"宇宙的本质"。这么一说，从前有一些日本的老奶奶好像还会跟路边的花朵说话呢。

　　接着，当人到了七十几岁，是"七十而从心所欲，不逾矩"。顺着心之所向，不逾越规矩。也就是说，顺从内心的想法，不会走错路。到了人生达人的层次，应该会越来越有意思才是。

　　大脑会持续进化与成熟，直到死亡为止。负面思考也有可能是为下一次的飞跃做准备。所以，我对大脑的抗老化没兴趣。我打算顺应自己的大脑，悠然自得地品味人生。

因为看不到多余的部分，所以不会迷惘。能看清事物的本质，人也很清楚自己的资质，明白自己存在的价值，大脑要真正达到这种状态，必须等到五十五岁以后才行，连孔子也不例外。人生是急不来的。

女人的道路

二十五岁左右的恋爱，女人会感觉是命中注定。恋爱的适龄期是二十几岁，跟工作的奋力冲刺期也是一致的。如果两者都难以割舍，把生育稍微延后即可。

上一篇谈论的是从脑科学来看的人生论。

人的大脑会经过横冲直撞的十五岁到二十几岁、开始看见社会极其混沌的三十几岁、健忘的四十几岁，以及掌握本质的五十几岁。这段大脑的成熟过程，孔子说是"吾十有五而志于学，三十而立，四十而不惑，五十而知天命"，相当有意思。

二〇一〇年，时隔六年复出发表新曲的乐团"安全地带"，所有团员都五十几岁了。他们复出时说："到了五十几岁的年纪，我们终于知道安全地带应该是什么样的乐团了。"

从公元前五百年的孔子，到二〇一〇年的安全地带，若从人生学的角度来看，人类一直在重蹈覆辙。即使先人在尝试错误后留下再经典的格言，人依旧会故我地追求私欲、彷徨失措，直到五十岁才知天命吧。就算过了两千五百年，仍然没能缩短那段时间，一思及此，不免有种

No.23
女人的道路

既可悲又可爱的感觉。

好了，这一回我想来谈论的是，连孔子也没谈过的女性脑人生学。当然，女性脑跟孔子的人生论一样，也是依循前述的过程进化，不过女人的人生却没有孔子那样简单。

人在"三十而立，四十而不惑，五十而知天命"之余，也担负着繁殖的使命。

动物必须从其他个体的体味（信息素）感知该个体的基因信息，一旦闻出异性身上拥有生殖适合度高的基因就会发情，也就是一般俗称的恋爱。

生殖风险越高的物种，闻出信息素的感受器敏感度越高。我甚至听说有些一辈子只交配一次的昆虫，会一直朝着数公里外生殖适合度高的异性飞去。

如果是生殖风险有显著性别差异的哺乳类，雌性的敏感度会远高于雄性。因此在年轻女性眼里，这个世界是由稀有的"迷人男性"与大量的"不想随便与之触碰的男性"所构成。

据说女性的信息素感受器敏感的巅峰期，是在二十五岁的时候。女性的视觉或味觉等其他感受器的敏感度，也是在二十五岁迎来巅峰，理由是二十几岁是最适合生产的年龄。在生产的最适龄期将全身感受器的敏感度开到最大，然后跟生殖适合度最高的异性交配。不管现代女子再怎么努力维持青春貌美，这一点还是跟孔子的时代一样没变。

因此，二十五岁左右的恋爱，女人会感觉是命中注定。毕竟那是大脑从成千上万人中挑选出来的唯一的人，那种稀有感会让人觉得彼此是经过好几世的轮回才相遇的。

如果在没有生育的情况下过了三十岁，信息素感受器会开始变迟钝。因为考虑到这个年纪还没能生育，如果在现今所处的环境中将感受器的敏感度开到最大会很危险，所以大脑才改变战略：推迟选择，不再陷入激烈的热恋。相对地，无法忍受的异性数量也会逐渐减少。

所以，女性必须活得聪明一点。恋爱的适龄期是二十几岁，跟工作的奋力冲刺期也是一致的。如果两者都难以割舍，把生育稍微延后即可。只是在这种情况下，把命中注定的恋情设定为结婚必要条件是很危险的。女性们必须做好心理准备，如果遇到有人主动追求，即使没有来电的感觉，也要试着谦虚地接纳对方。恋爱这种事，等到生殖功能衰退了，一样可以谈。

　　女人有一条专为女人准备，由本能所铺就的路。职场上的成熟完全可以用孔子型的人生路去衡量，但女人的幸福必须遵循这条本能铺就的路才行。工作与恋爱都不放弃的现代女性，正努力过着让这两条路顺利交叉的艰难人生。自由度越高，烦恼也越深。即使到了二十一世纪，女人的路还是有些艰辛。

小节
划重点

把命中注定的恋情设定为结婚必要条件是很危险的。如果遇到有人主动追求，即使没有来电的感觉，也要试着谦虚地接纳对方。恋爱这种事，等到生殖功能衰退了，一样可以谈。

女人
天生的
第六感

女性脑容易看穿他人谎言，也容易产生直觉。当女人宣告"我要这个"时，即使做出选择的时间非常短，但你最好要知道，她可能已经完成一辈子所需的"身体性的确认"了。

女性脑的右脑（感觉区）与左脑（思考区）联结远比男性脑紧密，因此更容易看穿他人谎言，也容易产生直觉。这件事情，我在前面也叙述过了。尤其在通过想象确认自己身体的具体感受之后，那种做出选择的速度超乎男性脑的想象。

我想表达的是，女性很容易做出"不二选择"。男性往往会认为那样太过武断，要下定论还为时过早。

比方说，在新婚妻子挑选客厅沙发的时候。

她内心会浮现各种坐在这张沙发上的情境。舒适度当然不用说了，连瘫坐着看报纸时的触感、夫妻相互依偎时的放松感、招呼客人坐下时的自豪感、抱着未来有一天会降临的婴儿坐着时的安心感、孩子在沙发上玩耍时的安全性，这些都想到了。当然，平常容不容易保养也想到了。如果是常搬家的家庭，妻子甚至连搬运的难易度都考虑到了。然后是在雨天、晴天、清晨的阳光下及夜里朦胧的间接照明下，这张沙发看起来又会如何，呈现出什么样的风貌……

这么多"身体的具体化感受"确认，几乎就在从目光停留在那张沙发上，到走上前去的短暂时间内，在半无意识的状态下完成。准确来说，二十几岁新婚太太的信息量比这略逊一些，不过陪同前往的五十几岁的母亲，一瞬间就能完成这种小事。

因此，当女人宣告"我要这个"时，即使做出选择的时间非常短，但你最好要知道，她可能已经完成一辈子所需的"身体性的确认"了。

我希望男人可以先接受她的决定，再语气温柔地劝告："把这张沙发放进客厅的话，离电视机的距离会变得太近。"言下之意就是，拜托男人不要马上脱口而出："你做事真的都不经过大脑啊！"

即使是不会说得这么过分的男性，也很容易说出"我们再看看其他的再决定吧"这种话。你可能在想，这是很寻常的建议，也是很理所当然的事吧？不过，要是知道那样的建议会让女人内心有多失望，你可能会吓一跳。

身为感觉的天才，女性在分析比较之前，早已搜集了不少感性信息。假如在一堆物品当中找到唯——个强烈吸引自己的东西，她们就会在无意识中完全舍弃其他选择。价格也早在第一时间看好，连广告标语也没漏掉。

　　一般都说女人对于分手的恋情不会有任何眷恋，对于曾经舍弃的选择也一样，连碰都不想碰一下。当然，在做"不二选择"时，其实女性也是会做理性的分析比较。

　　因此，我要给业务员一个建议，如果女性顾客说"我想要这个"，那你最好不要贸然提供更多信息企图说服她："现在的话，还有这样的商品。"不妨先询问她被那件商品的哪一点吸引，再慢慢引导她："如果是那样的话，这个商品更……"这样推销效果更好。

　　此外，女人碰到无法给出最佳推荐的人，往往也会觉得对方是迟钝的人。向女性上司或女性顾客提建议时，如果对方问道："你最想推荐的是哪个？"你要训练自己能够立即给出答案。如果单纯回答"这个有这样的优点，那个有那样的优点……"，只会被对方认为这个人没有用。

　　约会时也一样，如果无法果断说出"我推荐的是这个"，就会瞬间被女伴扣分，要注意哦！

如果想提升好感度，不要问"你要吃什么？"而是应该提议："意大利料理如何？我想带你去吃窑烤比萨。"或是"我找到一家最受欢迎的沾面店，一起去吃吧。"而且从女性脑的构造来说，事先提议沟通的效果好多了。

这是因为女性脑是喜欢重复过去记忆的脑，所以在约会之前，她会一再想起你说的"我想带你去吃比萨"，然后满心期待。至少从一周前开始就不会去意大利餐厅，也会默默开始思考要穿哪件洋装。就这样，在约会开始之前，女人自己的心里已先炒热了气氛。因此，在约会一开始见面的瞬间，她的满足度已经达到百分之七十左右了。

这种预告作战也有次要的作用，就是女性在满心期待的时候，即使约会对象不怎么打电话或传信息也无所谓。越是忙碌的男性，越应该用心靠"预告约会"来减轻负担。

此外，有些男性会说，如果这样提前给出建议，怕会让对方过度期待，万一实际上不合胃口或约会要延期就糟了。其实，这一点完全不需要担心。对于女性脑而言，无论结果如何，曾经满怀期待的时间都不会消失。她应该会体贴地用轻快语气回答："工作很忙也是没办法的事，那就改天再约吧。"万一不是这样的话，她可能有一点情绪控制上的问题，及早发现应该也是一件好事。

好了，这里对女性也有一些建议。男性很难有直觉降临，他们对于"不二选择"会感到强烈不安。他们希望确实经过分析比较之后，才做出"不二选择"。

如果只是选购家用物品，女性就算坚持己见也无所谓，但如果在商场这么做，可能会让大家看轻你的能力，所以最好还是注意一点。

女性容易灵光一闪，突然想到值得大力推荐的绝佳提案，此时她们会很有临场感地想起顾客的心情，一下子就确定："啊，就是这个了！"此时，女性会觉得说明其他候补选项很没意义，坚持己见地说道："当然，就是这个了。"在公司中，有时甚至会省略提案或商议，直接执行自己的计划。

不过，很少在商场上灵光一闪的男性，不会明白这份确信的根据从何而来，因此，他们往往会把这些行为视为强迫推销、擅作主张，或个人偏见。

　　所以呢，在写给男性看的提案书中，即使有第一推荐的选项，也要列出多组候选清单当作参考提案。此外，如果能附上一些数值，用表格或图像进行分析比较，他们会更加安心。

　　即使女性脑会认为："明明是在评估未来顾客对于新商品的认可度，就算把过去的成绩化为再多数字也没意义。"但那样也无所谓。多个提案与附加的数值能让男性脑安心，这一点是很重要的。就像是所谓的通信协议，计算机与网络如果一开始没有按照协议互动，通信就无法成立了。男性脑如果只通过"大力推荐的灵光一闪"评估提案，"通信"本身是不会开始的。

　　话虽如此，女性之中应该也有人会担心："假如提出多个提案，没办法传达出我的想法吧？"在大部分的情况下，这一点也不需要担心，只要"通信"成立，让男性脑感到安心，你的提案就能顺利通过。

　　然而，若"通信"本身不成立，事情根本无法开始，而且因为他们无法安心，还有可能说："你太情绪化了。"

进而降低对你的评价。

各位职场女性，若升到主管以上，路途将更加艰险。就算扔掉这本书，也千万别忘记这件事。

话虽如此，干练的女性在心底最厌烦的，就是不得不替理所当然的结论附上一堆要舍弃的他解并加以说明的过程。久而久之，在她们眼中，周围的人看起来都会很愚蠢，工作动力也会急剧下降。一般的学会或董事会中少有女性，我认为这也是原因之一。

女性不是做不到客观评价，而是对客观评价没兴趣，因此懒得参与那些事。如果真的加入了只能从客观评价中找到意义的学会，或者加入数字就是一切的董事会，她们不禁会觉得自己是在浪费人生，感觉明明还有其他更重要的事情，内心不免感到空虚。

反正呢，学会这种组织，继续维持原样也无所谓（尽管新的发现通常都发生在学会外面的世界），但董事会这种排除拥有直觉力，能够切身设想顾客五感的人才的结构，是否有点危险呢？

尽管社会性的决策必须经过检验，但如果不在运营上建构稍微尊重直觉的趋向，组织很难有灵活的发展。因为在数字的背后，肯定有顾客的感动或笑容。如果不保留能容纳这些感性的隙缝，高耸的城墙则有可能一夕瓦解。

如果组织没有"好的隙缝"，具备风范的成熟女性就无法自在发挥。反过来说，如果有那样的女性存在，也代表那个组织拥有"好的隙缝"。

我认为董事会纳入女性的意义就在于此：打造出一个有弹性的空间，一个能让女性实时说出新鲜意见的经营团队。说得难听一点，也许就像被带去某处探测是否有毒气的金丝雀一样。由成熟女性来经营，可以自在灵活发挥的地方，也能够激发男性的创造力，有助于推动企业的成长。这并不是为了社会性目的才这样说的。敬请为了本质性的企业存续，多多培育具备风范的女性管理阶层吧。

小节
划重点

给女性的建议：男性脑很难有直觉降临，他们对于"不二选择"会感到强烈不安。此时，若给他们两种以上的提案与数值，能让男性脑安心。

掌握
人生的
方法

自豪的心情，恐怕不是要
得到别人的认可我们才可
以拥有，而是我们自己在
经过不安、苦恼与绞尽脑
汁之后，才能够油然
而生。

今年春天即将毕业的儿子还没决定好升学方向。

从刚懂事的时候开始，凡事都慢人一拍的他，到考前最后关头总是来不及准备。他的策略并不差，但执行策略的时间却不够，这就是最后三个月的状态。

因为知道他还在摸索中，所以家人都没把"可惜"挂在嘴边，只是轻快地说了声"果然"。

我自己呢，则是再一次地松了口气。如果不精心准备考试还能考上理想的学校，他应该会看轻自己的学校，也看轻自己的人生吧。年轻人的目标必须要很远大、很灿烂才有意义。

我当了两年的重考生才考上奈良女子大学，我非常喜欢自己的母校。在春光烂漫的古都展开期盼已久的独居生活，那种喜悦感是无可比拟的，时至今日还经常梦见。

梦中十九岁的我，满心自豪地步行在春日的阳光下，觉得自己获得了所有的可能性与自由。三十多年前的那个瞬间，我内心肯定也是这样觉得的吧。虽然一转眼就五十岁了，但这样也不赖，毕竟我现在所拥有的，在我十九岁时想象到的所有可能中，还算是不错的那一种未来。

不过我那些一试合格的优秀同学都非常淡定，甚至一脸不可置信地问我："你何必为了这种大学而重考呢？"

每当我梦见十九岁的春天，内心都会不由得好奇，不知道她们在五十岁的春天都做着什么样的梦呢？

自豪的心情，恐怕不是要得到别人的认可我们才能拥有，而是我们自己在经过不安、苦恼与绞尽脑汁之后，才能够油然而生。在成绩优秀的人眼里，我的母校偏差值不算高，杰出的校友也很少，但我自己从没想过要拿母校跟其他学校交换。

现在想想，我人生中值得自豪的几件事（例如身为第一代计算机工程师的自豪等等），都是经过千辛万苦才获得了成就。尽管不是什么人人称羡的事，但在我心中宛如美丽的琥珀，而且那些成就也在现实中支撑着我。即使是毫不相关的事情（连打流感疫苗的瞬间也不例外），我都能够告诉自己："我可是操作过八位计算机的工程师呢，我什么都不怕。"

然而，我那些轻而易举获得更高成就的优秀朋友，却意外干脆地放弃一切，觉得人生很无趣。

人脑的感性实在很不可理喻。主观与客观纠结在一起创造出自我实现感，一想到那在别人眼里看来可能是毫无根据的自豪，就觉得人即使处在令人称羡的境遇里，也难免空虚。

这样看来，痛苦也是一种幸运，因为人生的自豪与自己克服过的痛苦成正比。

人生的秘密不在于得到什么，而在于如何努力去得到。啊，难怪人家说："年轻时吃苦当吃补品！"

到了五十岁，世上的秘密都解开了，饶富趣味。所以才会设法通过语言传承给年轻人，但年轻人听了也不会有任何共鸣吧。

话虽如此，"得到什么很重要，轻松到手也绝对比较好"，我仿佛能听见年轻一代的这番心声，就像我自己以前一样。

儿子好像很难完全赞同我说的："妈妈认为没考上也

很好。"不过他似乎想要为了十九岁的春天奋力一搏。

　　回首过往，我们夫妻的结婚生活或许太顺利了，如果经历过更多难关的话，说不定结婚一事就会成为彼此人生的自豪。嗯，这又是另一回事了。恋爱的机制完全是靠大脑机制在运作的（微笑）。

小节
划重点

我人生中值得自豪的几件事，都是经过千辛万苦才获得了成就。尽管不是什么人人称羡的事，但在我心中宛如美丽的琥珀，而且那些成就也在现实中支撑着我。如果经历过更多难关的话，或许结婚也能成为彼此人生的自豪。

真正的
夫妻
对话

"我跟孩子有血缘关系，
跟老公是毫不相干的人。"
与其深信"夫妻一心同
体"，再为了期待落空而
受伤埋怨另一半，倒不如
这样坦然地想。

有位先生在过了八十岁以后说他要离婚。

一问之下才知道，他不喜欢妻子说话的语气。该尊重丈夫时不尊重，该温柔时也不温柔。他说，因为我还年轻，或许不太清楚，但上了年纪以后就会无法忍受这种事。

或许是这样吧。前些日子一同录制电视节目的武田铁矢先生也说，很多人吵架都是从"你那是什么语气"开始的。比起深思熟虑后说出口的话，不经意脱口而出的话才更能显现那个人的内心。成也说话，败也说话。我自己是语感（大脑与语言的关系）的研究者，因此深知这件事。

而且，身为长期观察男女脑的人，我也发现一件事，就是在脑功能方面位处极端的男女，自以为有益的话说出口以后，往往会带来反效果。其实没必要去追究夫妻之间的语气是什么意思，以免搞到满心怨怼或心生绝望。

对另一半的语气感到绝望的年纪，男女大不相同。妻子期待丈夫的温柔语气或慰劳，是在怀孕、生产以及育儿的过程中。拼了命地留下丈夫基因的妻子，也拼了命地渴求丈夫的体贴。但，大多数情况下，期望都会落空。当然，这不是因为丈夫不好，而是因为男女大脑的语言功能大相径庭，表达方式不一样的缘故。

换言之，妻子会在三十几岁的阶段，一度对丈夫的语气感到绝望，然后会重新建构夫妻关系。所幸此时还年轻，仍然与社会保持联结，身心都处于强健的状态。如果发生很严重的事，也还能选择离婚，重新展开另一段人生。

然而在许多情况下，女性内心多少也明白，即使与其他男人重新展开另一段人生，恐怕也只是重蹈覆辙。在体内孕育后代的女性，自然而然会明白一个道理：不同的生命，灵魂的波动也不同。怀孕虽然是一件非常棒的事，但同时也是一种被另一个不同的生命波动附身的体验。

孩子的波动与母亲不同。不过女性知道，彼此在某处有着深刻的联结与共鸣。但与丈夫之间，那种生命的波动，感觉好像存在很大的隔阂。这在脑科学上是很理所当然的事，因为决定生物反应种类的免疫抗体类型，女性跟孩子有一半是相同的，但跟丈夫却非常不一致。对于那样的感受，女人会这样表达："我跟孩子有血缘关系，跟老公是毫不相干的人。"

乍听之下好像很冷淡，但这种达观心态才正是家庭关系的基础。事实上，会进展到生殖阶段的男女，从细胞层次就不一样，这是难以避免的事。既然如此，与其深信"夫妻一心同体"，再为了期待落空而受伤埋怨另一半，倒不如这样坦然地想。

而丈夫期待妻子的温柔话语或慰劳，都是在退休之后，对旅行或其他事物的兴趣告一段落，身体无法再自由活动之后开始的。喜欢在外面玩的男人，一直到了没有家庭这个避难所就无法生活的时候，才会开始跟为了照顾婴儿无法离开家这个避难所的妻子站在同一处。

其中相隔四十年左右的时间。期待温柔话语而感到绝望是妻子早在很久之前就经历的事。听不见温柔话语的丈夫虽然很可怜，但你们只是在偿还四十年前的债。

不过啊，我也希望做妻子的可以理解，相对于在身心强健时期经历过这些失落体验的妻子，年迈的丈夫面对这些苦涩是相当不利的。就算同样感到失落，婴儿会逐渐长大，熟龄夫妻却没有"未来"这个透气孔，确实值得同情。

还有啊，我也要给男性一点忠告。完美主义思维的男性脑，容易陷入就算十个之中只有一个不好的，也想要全部丢弃的想法。很多时候，妻子一次的冷言冷语，背后可能有九次的温柔话语。上了年纪之后，不要再去计算欠缺什么了，养成计算自己拥有什么的习惯吧。

三十几岁妻子的绝望，与八十几岁丈夫的绝望，当两人共同越过这些关卡时，或许才是夫妻对话真正开始之时。

希望做妻子的可以理解，相对于在身心强健时期经历过这些失落体验的妻子，年迈的丈夫面对这些苦涩是相当不利的。

熟龄离婚的要点

夫妻的缘分实在很奇妙。光用理论这种东西，也不可能阻止他们离婚。如果决定要熟龄离婚，请先理解彼此无法让步的部分，还有该怎么做才可以改善，然后再说分手吧。

听说我认识的一对结婚超过四十年的夫妻要离婚了。

两人都很有教养，也知道如何享受人生。在一百种要素当中，他们是九十九项气味相投的夫妻。不过唯有一点，双方互不相让。

妻子有一个一害羞就会在他人面前贬低自己家人的可爱习惯。

举例来说，当人家称赞："你儿子真优秀。"她就会刻意夸大地说："他只有四肢发达而已啦。"并露出一脸嫌弃的样子。有时还会添油加醋地说："他就是笨得要命，才会找不到女朋友。"偶尔还会顺着这个话题抱怨个没完没了。

我身为女人很清楚，那都是出于她对家人深切的爱。就像别人称赞自己时，会不好意思地说"没有没有，没那回事"一样。正因为把家人视为自己的一部分，所以才会贬低家人。当着别人面否定丈夫说的话："你在说什么呀，你这人也真是的！"也是因为与丈夫有一体感的关系，这是传统日本人内敛性格的表现。

这位太太是个很容易害羞的人，因此这种自嘲倾向比别人更明显一点。由于丈夫是身居高位的人，因此在外人面前被泼冷水会令他压力很大。再加上丈夫对孩子的教育煞费苦心，所以孩子时常被贬低也很令他受伤。

两人的习惯只不过是一些微不足道的小事，如果换一种组合似乎就不会有问题。也正因为是微不足道的小事，所以才会花了将近四十年才爆发离婚危机。

不过这对夫妻吵架的原因几乎都集中在这里。我问他们夫妻过去吵架的来龙去脉，发现先生简直就像机器人的按钮一样精准，只要按到同一个点就会生气。而太太由于那几乎像神经反射一样，发自爱的、没有恶意的习惯遭到否定，因此也实在无法接受。

共同经历风风雨雨多年的两人，就因为微不足道的遣词造句而闹僵了，不禁令人唏嘘。

丈夫一再忍耐妻子的害羞否定，还是有一次不小心说出了心声："你总是在否定我。"

妻子则被他那一次说的"总是"伤透了心："我明明那个时候，还有这个时候，都很体贴地附和你了。我们这四十年来也有过美好的时光啊，就因为这样而被一概否定，太过分了。"

丈夫一开始就没有那个意思，所以否认回道："我不记得我说过那种话。"妻子解释："你每次一碰到问题就会说谎，我本来还以为你是个光明正大的人。"就这样，只因为一个语气的问题，事情最终就演变成"我不想看到对方的脸，也受不了跟对方一起生活了"的状态。

我分别听完这对夫妻的说法后，内心默默觉得很可惜。就好像明明还能使用的优良机械，只因为一个小地方断线就要拿去丢掉了。

妻子很欣赏丈夫的理财观，丈夫则非常喜爱妻子的料理。两人支持的政党与宗教也一样，气味相投的事情远远多过意见不合的事情。

但数字或许不是重点吧，有的夫妻平日为了九十九件事情吵架，就因为一项联结而无法分开；也有的夫妻是人人称羡的神仙眷侣，却因为一件事情无法相让而分开。

夫妻的缘分实在很奇妙。光用理论这种东西，也不可能阻止他们离婚。

因此，我想至少可以从大脑的感性论立场，告诉各位熟龄离婚的要点。

熟龄离婚的人，最好冷静分析离婚原因，彻底检视自己的哪些行为伤到了对方，自己又在哪些方面没能让步。至于对方哪些行为伤到自己，等事后再慢慢去埋怨就可以了。

熟龄离婚就像重击胸腹部的拳击攻势，后劲很强。刚离婚时确实会有一种卸下重担的轻松感，不过最后会有一种难以承受的败北感席卷而来，因为熟龄离婚是一种否定过往漫长人生的行为。

就以刚才那对夫妻的例子来说，他们的离婚无疑是否定了整整四十年的光阴。他们只不过是浪费四十年人生光阴，到头来没能成为人际关系达人的不成熟男女罢了。当然，这不是第三人的看法，而是自己内心涌现的败北感带来的，所以才更难收拾。

如果遇到克服了性格差异而相处融洽的夫妻，会有种好像输给人家的可悲心情。即使想要与儿孙畅谈人生，感觉也很难自吹自擂些什么。

这种时候，为了避免行为过激，最好要有这样的自觉："我无法对这一块让步。虽然知道可以怎么处理，但我尊重自己的自尊心，意志坚决地分开了。"只是谈论彼此的缺点，人们很难保持四十年的自尊心。

所以说，如果决定要熟龄离婚，请先理解彼此无法让步的部分，还有该怎么做才可以改善，然后再说分手吧。大多数情况下，如果做得到这一点，大概也没有必要分开了。

小节
划重点

～～～～～～～～～～～～

熟龄离婚的人，最好冷静分析离婚原因，彻底检视自己的哪些行为伤到对方，自己又在哪些方面没能让步。至于对方哪些行为伤到自己，等事后再慢慢去埋怨就可以了。

～～～～～～～～～～～～

老公，
你觉得哪个
比较好？

丈夫怨叹："妻子为什么
总是一脸高兴地买下我没
选的那一个。"妻子这种
生物，就是犹豫时会依赖
丈夫。

女人为什么每次问完"你觉得哪个比较好？"以后，就会一脸高兴地买下我没选的那一个呢？

某场读书会上，刚迎来银婚纪念日的一位男性提出了这个问题。结果在场所有男士都齐声附和："就是啊，明明来问我的意见，却又不是真的纳入参考。""而且买另一个的时候，还高兴得跟什么一样。那究竟是什么意思啊？"

哎呀，竟然这么不了解女人心。怎么会这样呢？说来想必很气人吧。

我在本书中多次提及，女人的直觉力是很惊人的。大脑的感性区根本不可能会犹豫要买哪一个。你说，那她们为什么还要问呢？

那是当思考区的"该买的东西"与感性区的"想买的东西"打架的时候。例如夏天的包包，白色或蓝色虽然很安全，但无论如何都想要可爱的橘色。这么亮的颜色，感觉很看年纪……可就是很想带回家。要搭配什么衣服也是个难题……不过真的很想拥有可爱的橘色。

这种时候，妻子就会转头问丈夫："你觉得哪个比较好？"

此时，妻子的脑中正在自我挑战这道题目："假如老公选择别款，我还会想要买橘色的包包吗？"尽管是无意识之间的挑战。

不出所料，习惯解决问题的男性脑主人，也就是丈夫的回答很安全："夏天用清爽的蓝色比较好吧？"

妻子对照刚才的题目之后，如果发现自己依然想选择橘色，就会恍然大悟，径自开心了起来。因为有了这句话的加持，所以更是高高兴兴地走向柜台结账。

反之，假如丈夫说："橘色很漂亮啊，就选这个吧？"情况又会如何呢？

由于妻子无法挑战前面的题目，因此会有一种期待落空的感觉。甚至会在犹豫半天以后，反问丈夫："呃……可是橘色不会太亮吗？也不好搭配衣服。"如果丈夫使用很奏效的劝败法回答："不会吧？你还很年轻啊，而且跟你喜欢的黑色洋装或牛仔裤都很搭。"这时妻子也无从反驳，"只好"悻悻然地拿着橘色包包走向柜台。

换句话说，如果丈夫选择自己决定的那一个，妻子反而会意志消沉，这就是妻子这种生物。犹豫时会依赖丈夫，不过丈夫如果没有选择自己没看上的那一个，就无法达到本来的目的。

不过，好在动物的雌雄天性就是会对免疫抗体类型不一致的对象发情，因此夫妻在生物上的瞬间反应是完全相反的。所以先生大部分都会选择与妻子不同的选项。简直是一种稳定又好用的自我疑问消除机器人。

结果丈夫就产生了怨叹："妻子为什么总是一脸高兴地买下我没选的那一个？"但是啊，会出现这种状况的夫妻，实际上是非常非常圆满的哦。

毕竟如果不爱丈夫，不信任他的眼光，这道"假如丈夫选另一个颜色，我还想选这一个橘色吗？"的命题就不会成立了。如果是随便一个人的选择，才不可能拿来当作女人自问自答的引爆剂。

所以说，世上所有的老公啊，当你对妻子越是烦躁时，越是确认爱情的时候。

例如，当你累得半死回到家，她还滔滔不绝地讲一堆今天发生的事给你听的时候，或者讲话全是"那个、这个、那个"等指示代名词，不知道她到底想表达什么的时候。女人对于没有一体感的对象，绝对不会做出这些事。

话虽如此，但各位也不必对什么也没问的妻子感到不安，因为经历长时间的结婚生活后，如果妻子能够完全信任丈夫的感性（打从心里确信他绝对会选择另一个），光靠想象就能完成自问自答，因此也没有必要再询问了。

让人烦躁也是一种爱，视而不见也是一种信赖。夫妻关系果然是一种非常有趣的关系。

小节
划重点

世上所有的老公啊，当你对妻子越是烦躁时，越是确认爱情的时候。让人烦躁也是一种爱，视而不见也是一种信赖。

如果老公恋爱了

丈夫对妻子的执着，是随着责任的累积而日益浓厚的，这种强烈的牵绊与恋爱不能相提并论。碰到妻子对婚姻越来越厌烦，或丈夫一时鬼迷心窍的时候，要设法克服，再继续走完人生的漫长旅程。

女人的恋爱始于深深的确信，最终演变为同情。

男人的恋爱始于半信半疑，最终演变为深深的确信。

夫妻的脑似乎在携手共度人生的过程中，经历着截然不同的恋爱之旅。

正如前文所述，生殖风险高的雌性哺乳类动物会严格筛选基因的生殖适合度，对专一对象发情。也就是说，女性会在一定期间内，从为数众多的异性中筛选出基因适合度高的单一对象，并深深执着于对方，对其他任何男性都看不上眼。这段"情人眼里出西施"的蜜月期会在恋爱刚开始时如怒涛般汹涌而至。这是女性脑的一大特征。

女性因为自己具有这个绝对专一的倾向，所以对男性也抱有同样的期待。即使两人刚认识就对她说"你是我命中注定的人，经过几千年的轮回，我们终于相遇了，真的谢谢你出生在这个世界上"也完全没问题。但刚谈恋爱就能把话说得这么笃定的男人其实并不多，恐怕是超级花花公子或诈骗分子才说得出这种话吧。

各位男性是否知道，很多女性在恋爱刚开始时，觉得都是自己一头热，所以感觉很讨厌，其中也有女性因为讨厌这样的感觉而结束恋情。这是多么可惜的事啊！我们真的深切希望男性在恋爱初期可以尽量鼓起勇气。

不过呢，在恋爱初期相当执着于单一对象的女性脑，从某个时候开始会产生越来越厌烦的感觉。因为，如果过度执着于单一对象，生殖机会和基因组合的多样性都会受限，所以大脑有时会突然解除恋爱的执着。

如果是情侣，就吵架分手，转移到下一段恋爱即可。但如果是夫妻，此时必须妥善处理，以建立长久的友谊关系才行。

男人的恋爱不会像女性那样始于深深的确信。

相较于必须经历较长怀孕哺乳期的雌性，雄性哺乳类动物的生殖风险较低，因此与其慎选对象，不如把握每一个有可能的机会，这才是最合理的手段。换言之，男性脑不会像女性脑那样积极地嫌恶异性，也很难产生"非这个人不可"的确信。

因此，男人是基于责任感而非恋爱的确信才决定结婚的，就像小学生去上学一样，单纯出于完成任务的心态在维持婚姻。

话虽如此，各位女性也不必感到沮丧，本来男性脑天生就爱担负责任，而且对于自己背负种种责任的对象会产生强烈的爱意。比方说，男人对待公司不就是如此吗？最后他会像热爱工作那样，对妻子的爱意也会越来越浓。说到丈夫对妻子经年累积下来的恋慕之情，那可是既纯洁又透明，简直要让人落泪了。虽然到那个时候，妻子已经转变成相当清心寡欲的人类爱（同情）了。

这种不会积极嫌恶异性，恋爱初期缺乏强烈确信感的男性脑，容易见异思迁。

女人的外遇会发生在对现任伴侣失去那份执着时，因此妻子会以同样的眼光看待丈夫的外遇，从而感到绝望。但事情不是这样的。因为丈夫对妻子的执着是随着责任的累积而日益浓厚的，这种强烈的牵绊与恋爱不能相提并论。

从妻子的执着与丈夫的责任感开始的婚姻，最终会抵达妻子的同情与丈夫的爱意。在长途跋涉的路程中，偶尔也会碰到妻子越来越厌烦或丈夫一时鬼迷心窍的时候，要设法克服，再继续走完人生的漫长旅程。从脑科学上来说，不管表面上看起来多么圆满的夫妻，这都是必经之路。

我的旅程也才走到一半，今后又会发现什么样的夫妻秘密呢？无论如何，有旅伴在身旁就是一件幸福的事。我衷心希望，天下的夫妻都能幸福。

小节
划重点

女人的恋爱始于深深的确信，最终演变为同情；男人的恋爱始于半信半疑，最终演变为深深的确信；而婚姻，最终会抵达妻子的同情与丈夫的爱意。有旅伴在身旁就是一件幸福的事。

如果老婆恋爱了：

爱存在于试炼之中，人生当中也会有看似失去爱的日子。人生必须做好心理准备，在某个阶段克服越来越厌烦的感觉，并与对方成为挚友。

结婚之后，是否就不会再陷入新的恋情呢？

不，理论上来说，这应该是不可能的事。因为从脑科学的角度来说，就算在上帝面前发过誓，大脑还是跟单身时代一样，没有任何改变。但明明爱他爱得要命，难道一起生活久了以后，真的会有忘记这种心情的一天到来吗？

二十六年前，穿着婚纱站在牧师面前的脑科学家（也就是我本人），内心不由得思考起这些事。

当时，为我们祝祷的牧师这样说："请你们早日成为挚友。"他说："爱存在于试炼之中，人生当中也会有看似失去爱的日子。这种时候，希望你们凭着友谊的信任，携手前行。"

我醒悟了！啊，果然还是会有失去爱的一天啊！我内心一面接受结婚是一种违背脑科学的自然归结，两人决定步上同一条路的誓约，其中应该也包含"恋爱的终结"这项试炼，一面回答牧师的提问说："我愿意。"

从那天之后的二十六年来，我们相较挚友，更像是战友。

婚外恋爱，在脑科学上是极其自然的结果。

地球上的生物当然是经由生殖与死亡编织生命的循环。据说这起因于地球拥有氧这种会使生物细胞氧化（老化）的"毒素"，虽然其也为生物带来演化的奇迹。

假如一个人能活一千年，那在第一千年的早上，他恐怕会以伤痕累累的身体与心灵醒过来吧。不过，如果是以顶多一百年的生命串联这一千年，那在第一千年早上醒来的，就是好几十代之后意气风发、前程似锦的年轻人。而且演化到后来，醒来的会是无数基因组合中最适合现代地球环境的个体。

支持这种奇迹般演化系统的，就是想要尽一生所能留下更多遗传变异的生物本能。

那是地球上生命体被赋予的最基础本能，连我们人类也不例外。

因此，在地球上拥有多次繁殖机会的生命体，其大脑深切渴望每次繁殖都能变换对象，是极其理所当然的事。

换言之，不管是自己或配偶陷入婚外情，从脑科学的角度来看，都不是什么稀奇的事。

正如前文所述，生殖风险高的雌性哺乳类动物会严选生殖对象。从异性的体味（信息素）嗅出基因信息，从成百上千人中找到唯一对象，然后强烈执着于对方。因此，女人的恋爱会与坚定的确信一同到来。然后，一不小心就说出了"经过多次轮回终于相遇的命运之恋"这种话，事后回想起来却只觉得："我当时是着了什么魔……"我们的基因是好几世代的基因搭配下来的结果，因此适合度肯定超越好几世代以前。

不过，从脑科学角度来说，这种执着如果持续一辈子是很危险的。不仅使能够留下来的基因组合数量受到限制，而且万一发生无法繁衍后代的情况，也会一辈子失去生殖的机会。

所以，健全的女性脑会在特定时刻毫不犹豫地切换开关。也就是说，大部分的命运之恋都会结束在越来越厌烦的时候，那是由大脑所设计出来的地球上生命体的宿命。男人的所作所为（外遇或说话少根筋）只不过是其中的引爆器罢了。

女人在恋爱中，外遇的情况出乎意料的少，通常都是按照"坚定的确信"→"厌烦"→"下一个坚定的确信"循环发展。

想要顺利闪避大脑的这种陷阱，改善夫妻之间的关系，妻子只能把越来越厌烦的丈夫视为挚友，一步步构筑相互依赖、相互支持的生活共同体。

我想告诉各位丈夫，帮疲惫的妻子带孩子、做家务或听她唠叨大事小情，都是走向这条道路的重要步骤，不是一时为了不惹她生气的应急之策，请牢记在心。

我想告诉各位妻子，假使你陷入了非常炙热的婚外恋爱，很遗憾，未来总有一天，你也会对这个新基因的主人感到越来越厌烦。

我们是生命长度远超过生殖期间的物种，最后一定得与某个人以不同于恋情的模式相依相伴。换句话说，女人必须做好心理准备，要在某个阶段克服越来越厌烦的感觉，并与对方成为挚友。即使那个人是第一任丈夫，又有何不可呢？

婚外恋爱最好走柏拉图式的，尽可能聪明地让它事过境迁。请尝试与丈夫成为挚友，希望各位都能够努力一试。

小节
划重点

爱存在于试炼之中，人生当中也会有看似失去爱的日子。这种时候，希望你们凭着友谊的信任，携手前行。

Part 2

和谐生活

NO.1

怎么
回答女人的
问题

不管怎么回答，男人似乎
就是无法讲出女人满意的
答案。其实，面对女人那
些让人无法回答的问题，
只要一个答案就够了。

女人就是一种爱问一些让人无法回答的问题的生物。

回顾自己五十年的人生，这样的想法油然而生。

"你为什么不遵守约定？"

"我忘了啊，太忙了。"

"（烦躁）我就算再忙，也不会忘记与家人的约定，你为什么会忘记我们的约定呢？"

"嗯……就是忘了啊。"

"（暴怒）你这个人为什么这样啊？"

"……"

这种Why类型的问题通常会一直延伸下去，越到后面越难以回答。

有时也会出现这种Which类型的问题，例如："工作跟我哪个重要？""你妈跟我谁比较重要？"

"这个嘛，两个都很重要啊。"即使给出这种资优生的回答，也不可能得到称赞。或是，就算很努力讨好对方回答"当然是你呀",也会被嗔怪:"少来!"不管怎么回答,男人似乎就是无法说出让女人满意的答案。被我说中了吧?

其实,事情并没有那么困难。

面对女人那些让人无法回答的问题,其实只要一个答案就够了。

我家儿子不管听到我提出什么样无法回答的问题,都只说一句话,所有状况就迎刃而解了。

前几天也是,我才说:"你为什么不把饭盒拿出来?"他就拿着便当盒冲过来,嘴里说着:"妈对不起,你都这么忙了,我不该在这种小事上让你烦心!"如果我说:"你为什么不念书?"也是这句:"妈对不起,你都这么忙了……(同上)"每次听到这句话,我焦躁的心情就会瞬间平静。关键词或许就是"你都这么忙了"吧,一句顾虑到我立场的回应是很重要的。

有一次我问儿子:"你为什么这么擅长道歉呢?"

儿子这样回答:"我不觉得我很擅长啊,毕竟妈妈受伤了嘛。因为我觉得会去质问别人的人,都是心里受伤的人。"

"如果被质问了，必须在防御（找借口）之前先敞开心扉。因此，攻击（恼羞成怒）是不可能的事。"他这么说。

原来如此，我有点惊讶。原来我受伤了啊……我都没注意到。因为一个塞在背包里的饭盒而生气的那周，我去了遥远的新潟、栃木、名古屋、冈山、德岛等地出差，而且全是当天来回。如果按照名古屋、冈山、德岛的顺序移动会比较轻松，但我为了帮儿子做饭，每天都规规矩矩地往返东京。我肯定不是在气儿子太邋遢，而是伤心自己付出的心意与劳力似乎被忽视了。

质问的人受伤了。一旦意识到这件事，脱口而出的话是不是会有所改变呢？对家人也好，对顾客也罢，更重要的是，能够对质问的人说出"对不起，伤害了我最重视的你"的大人，不是很帅气吗？

明明研究大脑感性将近三十年，却还有很多事情尚待发掘。这个世界遍布谜团，所以才充满魅力。

小节
划重点

3

会去质问别人的人，都是心里受伤的人。对家人也好，对顾客也罢，能够对质问的人说出"对不起，伤害了我最重视的你"的大人，不是很帅气吗？

加深
夫妻感情

那是在外拼命尽完责任的男人回到家时，自然而然发出的声音，也是对身旁女人传达出"因为有你在"的轻声慰劳。或许这才是真正的夫妻时间开始的时候吧。

前几天，刚从学校返家的儿子一边发出"哎呀呀"的声音，一边解开制服的领带。那天他为了准备运动会到家比较晚，指甲上还沾着油漆。

我最喜欢看到男人带着外面的紧张感回到我身边时，一见到我就像解开了什么似的发出"哎呀呀"的声音。

以前住在一起的公公是个能够把这个"哎呀呀"用得非常性感的东京男人。

他是个手很巧的工匠，平常整天待在工坊，也不太爱喝酒，因此我猜他或许不太喜欢出门。偶尔参加完聚会回到家，就带着一脸严肃的表情站在玄关口，拍掉裤子上的灰尘。但只要看到我出来迎接，公公就会发出"哎呀呀"的声音，放松紧绷的眼角。那一瞬间，我都会高兴得暗自心想："能够嫁到这个家真是太好了。"

这画面不管重复几次，我都觉得很新鲜，最后甚至变得像一种神圣的仪式了。到了晚年，公公身体不适住院，出院时的那声"哎呀呀"，我想肯定也是为了我努力说出口的，明明他连发出声音都很困难了。

公公在五年前的冬天过世。办完葬礼回到家时，当时初中一年级的儿子在玄关口说了声"哎呀呀"。语调跟公公一模一样，简直就像在慰劳一整天穿着丧服忙进忙出的我。那是儿子第一次的"哎呀呀"。

我内心为之颤动，在原地驻足了好一会儿。原来不只是语言而已，连公公那份成熟男性的体贴，也随着"哎呀呀"一同传承给他的孙子了。

语言就这样承载着灵魂，仿佛继承生命一般代代相传下去。

初中儿子用的"哎呀呀"尽管可爱，却还不成气候。之后好长一段时间都还是不太适合说这句话，直到升上高中三年级，从每天刮胡子的这个春天开始，终于变得适合说这句话了。看着一口气喝完麦茶的儿子的喉结，我再次觉得"哎呀呀"是适合成熟男性的用语。

那是在外拼命尽完责任的男人感到松一口气，找回自我时，自然而然发出的声音，也是对身旁疼爱有加的女性传达出"因为有你在"的轻声慰劳。因为有这样的心意，守护家庭才如此开心。不管站在妻子的立场，或站在母亲的立场都是。

顺便一提，我家老公不知道为什么，从来不会说这句"哎呀呀"。每次我走到玄关迎接他，他都会莫名地紧张起来，眼神仿佛在说："你今天没有让我买什么东西吧？"或是"你有什么不满的地方吗？"

这样一想，我回到家时也不会有这种"哎呀呀"的心情。可能是因为职业妇女回到家还有一堆在家里该尽的责任，所以总是会有种"战斗开始！"的心情吧。

尽管如此，我们在常去的餐厅点固定的几道菜，等热毛巾送上来时，也会同时发出"哎呀呀"的声音。

当老公在我家玄关看到我能够说出"哎呀呀"时，或许才是我们真正的夫妻时间开始的时候吧。这句话比求婚时说的话更深刻。这么说来，我恐怕得改掉说完"你回来啦"之后，总爱接着抱怨一堆事情的习惯了。

小节
划重点

丈夫带着外面的紧张感回到妻子身边时，一见到她就像解开了什么似的发出了"哎呀呀"的声音。因为有这样的心意，守护家庭才如此开心。

No.2
加深夫妻感情

爱的魔法

"便当还没好吗？"儿子问。"你是不是以为那些东西是用魔法变出来的？"我忍不住发火。"是啊，用爱的魔法。"女人的烦躁真的只需要一点体贴跟一句话，就可以大事化小，小事化无了。

一如往常地，我家那个擅长讨女人（母亲）欢心的儿子，前几天再次"击出漂亮一球"。

那天我忙着写一份一早就要交的稿子，同时还要准备便当跟早餐，这位高中男生不断用"水""毛巾""袜子"等单字向我提出要求。他每说一个字我就烦躁一次，但也没时间跟他生气，只好耐着性子照办。不过当他第四次开口说："便当还没好吗？"我终于忍不住发火了，威吓他："你是不是以为那些东西是用魔法变出来的？"结果他这样回答：

"是啊，用爱的魔法。"

算他厉害。

原本在内心深处酝酿着的烦躁感，突然像没事般地消失了，甚至开始哼起歌来，仿佛在吟唱着：今天也为您献上"爱的魔法"哟。

于是我更加觉得，女人的烦躁真的只需要一点体贴跟一句话，就可以大事化小，小事化无了。

儿子也会向我回报爱的魔法。他总是会帮我加满冰箱制冰机的水槽，帮我磨好菜刀以便随时可以切菜，还时不时地帮我把喷油瓶（用活塞注入空气加压以喷油出来的瓶子）加压一下。

当我在做菜时发现这些小心思，内心就会有一股暖意。

为了我老公的名誉，我顺便在此澄清一下，他当然也会做这些事。一直到几年前为止，偷偷磨好菜刀都是他的爱的魔法。我家一直到公公那一代都是工匠世家，男人必须懂得磨刀才算能够独当一面。我们从小就给儿子配了一把专用的肥后守小刀用来作业，小学生时期就有专用的磨刀石。他被允许用那来磨菜刀是初中以后的事。他毕恭毕敬地继承了父亲那份研磨一把准备全家饮食的菜刀的工作。

帮我种植紫苏、罗勒等料理用香草，应该也是老公爱的魔法之一吧。在贪吃的我家，爱的魔法大多都以饮食为中心。

于是，就因为儿子的一句话，我开始数起家里爱的魔法，发现数量还真不少。

连我家那只感觉没什么贡献的懒猫也有绝招，就是在家人脆弱时陪在身侧，时不时地用肉球拍一拍我们。

我家真是充满爱的魔法啊！

那天晚饭餐桌上，我告诉老公跟儿子这件事，结果他们不以为然地说："那没什么大不了的吧？"还说："你昨天明明还在抱怨，说什么看到下雨都不帮忙把衣服收进来、不帮忙收碗筷、不肯对你说半句体贴的话……"

啊……没错，如果要计算"帮着做了什么"，确实多不胜数，但"没帮着做什么"的时候，数起来也是没完没了。所谓的家人就是这么一回事吧。

我心想，真希望可以一辈子过着只有"爱的魔法"的生活。那就得先从生活对话中去掉"为什么没帮着做什么"之类的句子吧。但怎么说我也是个活生生的女人，实在没办法做到那种程度。

不过身为一个研究感性的专家，我唯一知道的一件事，就是互相施展爱的魔法，会使人开心得停不下来。然而，一旦变得互相有所要求时，爱瞬间就会枯竭。越是渴望爱的人，越无法感到满足。想得到爱的话，得先从付出开始。那个夏夜，我如此说给自己听。

小节
划重点

想一辈子过着只有爱的魔法的生活，那就先从生活对话中去掉"为什么没帮着做什么"之类的句子吧。想得到爱的话，得先从付出开始。

孩子
的
七条守则

健全的大脑是由健康的睡
眠打造出来的。早睡早起
是育儿中基本的基本。

"这个夏天想让孩子遵守的七条守则。"

这是大约三个月前从某本杂志收到的采访题目，对方希望我从脑科学的立场提供让孩子遵守那些守则的诀窍，包括早睡早起、帮忙做家务、适度出门玩乐、日行一善等。

我一边在心里感慨，如果有小学生能这样度过暑假，确实是一件很棒的事，一边试着设想让孩子乖乖遵守的诀窍，却一点灵感也没有。总觉得，有什么地方不对劲。我苦思了一会儿，恍然大悟。

这些守则几乎都是健全的儿童脑主人本来就会去做的事情。如果是健全的儿童脑主人，就算叫他一整天乖乖待在家里，他也不可能待得住。如果真心想满足家人的期望，连家务都会主动帮忙做好。

能够自然遵守这七条守则的孩子，确实会成长得很好。但"让孩子遵守"却是件危险的事，因为强迫不够健全的儿童脑主人去完成健全的儿童脑主人自然而然会做的事情，这是本末倒置，会产生反效果。被强迫的孩子会感受到很大的压力。

若说健全的大脑是由健康的睡眠打造出来的，也不为过，因为人的大脑会在大脑主人睡眠期间改善修复。掌管记忆与认知的海马回这个大脑器官，会趁大脑主人睡觉时，屡屡回放确认白天发生的事，努力储存知识，发展智能。即使长大成人也一样如此，许多成功人士都说："没有想法的时候，就去睡觉。"还说："这样一来，就会在天亮以后得到答案。"更何况是成长期的儿童脑。睡眠质量会大幅影响大脑的表现是毋庸置疑的事。

健康的睡眠必须具备两种脑内荷尔蒙，分别是晚上十点到深夜两点之间分泌最旺盛的褪黑激素，以及早上会增加分泌量的血清素。褪黑激素会在视网膜感觉到黑暗时分泌，血清素则在视网膜感觉到早上的自然光时分泌。褪黑激素有助于打造高质量睡眠，血清素则有助于夜间的褪黑激素分泌。换言之，如果早上不好好起床，当天晚上就没办法好好睡觉。而且血清素会让脑一整天处于容易感觉到稳定成就感的状态，这将使孩子一整天下来都不闹脾气、好奇心旺盛、表现体贴。

　　所以，早睡早起是育儿中基本的基本。再加上吃早餐、读书，这三项应该算是父母的责任。不过，适度出门玩耍、帮忙做家务、日行一善、适度自主学习，这几件事情，只要大脑能持续稳定分泌褪黑激素与血清素，自然而然就会去完成。保持良好的生活习惯，剩下的只要任其发展即可。

　　"只要遵守这七条就会成功"，这种简便又合理的信息深深吸引着看重偏差值教育的人。醉心于事业成功七大法则等概念的四五十岁的商业人士应该也不在少数。

　　但请各位注意，不管是育儿法则也好，商业法则也罢，其中都掺杂着成功人士自然而然会去执行的"逆法则"。当然，成功人士会认为那是成功的秘诀，会亲切地与大众分享，有些大脑会因此受到负面影响。不过，会受到负面影响的大脑几乎无法坚持执行那些"逆法则"，所以实际受害程度也不至于太大。任何人生法则都不能盲信，希望各位能够讲求科学根据，或者带着先稍微试试看，如果内心能够保持自在就好的弹性心态，至少不能失去这种程度的客观性。

小节
划重点

育儿重点：如果早上不好好起床，那天晚上就没办法好好睡觉。褪黑激素有助于打造高质量睡眠，血清素则有助于夜间的褪黑激素分泌。而且血清素会让脑一整天处于容易感觉到稳定成就感的状态，这将使孩子一整天下来都不闹脾气、好奇心旺盛、表现体贴。

爱自己
的
时代

在"爱自己"一词泛滥的
现在，年轻人反而过得
很痛苦。所谓的"自己"，
是要经历过各种风雨，舍
弃掉（不得不舍弃掉）不
必要的事物之后，才会突
然现身的。

各位是否记得早前曾经流行过"爱自己"这种说法？大约在二〇〇三年时，这句话几乎每个月都会占据某些女性杂志的卷首。女性为了寻找自己，会去上瑜伽课、去饭店享用午餐，或学跳弗拉明戈舞。

如今据说变成了"自我盘点"。似乎有人会这样说："进行自我盘点，建立事业愿景。"

第一次听到这个词时，我不由得叹了口气："多么辛苦的时代啊！"对于面对这道难题的年轻一代，我只深感同情而已。

各位想想，在你三十几岁的时候，如果叫你好好审视自己，应该也想不出什么所以然吧？根本不可能想出什么所以然。"自己"是要经历过各种风雨，舍弃掉（不得不舍弃掉）不必要的事物之后，才会突然现身的。

从脑科学上来说，如果还没到摆脱生殖荷尔蒙的束缚，年纪也未到联想记忆功能达到巅峰的五十五岁上下，很难做到真正客观地审视自己，知道人生的使命。顺便一提，联想记忆指的就是看穿事物本质的能力或丰富的想象力。令人意外的是，大脑其实是在五十五岁左右才会迎来智性的巅峰。

　　而单纯记忆（背诵能力）的巅峰期是二十几岁。也就是说，二十几岁的脑在大量接收知识方面是有价值的，但还不能输出任何建构愿景的东西。然而，这却是一个才三十几岁就被要求提出愿景的时代，令人觉得实在太过严苛。明明没有任何输出却必须建立愿景，就好像叫他们在沙漠上建造城堡一样，恐怕只会让人感到心力交瘁、无所适从吧。

　　"谈论梦想""把兴趣当工作"是近期流行的创业讲座关键词。台下的听众们被迫接受"似乎必须要有梦想才行""好像必须要有兴趣才行"等观念，试图让空无一物的灵魂振作起来。耗尽心力地谈论梦想，这未免也太悲哀了。

　　各位在职场上打拼的人啊，请稍微冷静下来听我说一句。愿景、梦想或兴趣，这都是从体内自然而然涌现出来的东西，不是被人要求之后硬挤出来的东西。如果那么做的话，内心是会凋零的。

在一九八〇年以前步入社会的企业人，年轻时很少被要求树立愿景。我们也不是出于什么想做符合自己兴趣的工作这种爱自己的出发点而就职，只是出于想要尽快独当一面、想要做出世界第一的××的心态步入社会的。

由于立足点不是爱自己，因此也不曾为了这份工作好像不适合我而感到犹豫，而是一心一意地寻找，想着："现在的我，在这份工作中可以做到什么。"因为目光焦点不是自己，即使失败也不至于产生受害者意识，所以不会想要找骂，也不会愤世嫉俗。即使失败了，也只会为自己感到羞耻或愤怒而已。

于是经过一番咬牙苦撑之后，任何人心中都会留下绝对无法让步的一块。这是否才会反映出未来的愿景呢？我们这个年代的人有幸经历这样的时代，即使没有什么克己心，也能够自然而然活出自己的人生。

千万不能小看流行语。在"爱自己"一词泛滥的现在，年轻人反而过得很痛苦。"不要满嘴怨言""自己动动脑筋想想"……这些二十世纪八十年代以前的过时说法，或许意外能够成为年轻一代的救赎。

小节
划重点

各位在职场上打拼的人啊，请
稍微冷静下来听我说一句。愿
景、梦想或兴趣，这都是从体
内自然而然涌现出来的东西，
不是被人要求之后硬挤出来的
东西。如果那么做的话，内心
是会凋零的。

立刻
就去
做

"我晚一点就去做。"那个
"晚一点"究竟是什么时
候呢？晚一点就去做，问
题不在于时间，这是一种
"会让事情确实进行而不
会遗忘"的诚意约定。

我以前任职的一个研究室，不知道为什么里面都是九州岛出生的人。当时我发现他们对"晚一点"的理解与我们关东人截然不同。

　　例如一大早交代部下说："那份数据可以帮我整理一下吗？"对方回答："我晚一点就去做。"……那个"晚一点"究竟是什么时候呢？

　　我的理解是，"晚一点"是指现在手边的工作无法暂停，所以做到一个段落就去做的这种"不久之后"，因此我总以为对方大概下午一点就会帮忙处理。

　　不过换作是九州岛人，如果能在当天处理已经算好的，他们觉得即使隔天早上再做也还在准时的范围内。我想表达我的不满，但其他人全来自九州岛，我根本就是势单力薄。有一次我忍不住问了："所以这样是什么意思？过了关门海峡之后，晚一点是晚到隔天也无所谓喽？"

　　我开始好奇其他地区是什么情况，便询问各地出生的人："你们的'晚一点'是多久？"结果关东圈与关西圈竟然足足有半天以上的时间差。而在我至今问过的对象当中，时间感最慢的是广岛。

对方说，在广岛如果回答"晚一点"，至少要三天后才动手。更准确地说，如果说"晚一点"，代表那个人没有意愿那么做，因此一般在职场上不会这么用，万一有人这么回答，千万不要期待对方真的会去完成。

这令我大吃一惊。九州岛人还蛮常用"晚一点"一词，但如果在广岛这样说，会被认为是没有干劲的家伙，这一点可得多加注意。

"晚一点"在日文中的开头音"ji"，经常被用来表达速度虽然缓慢，但事情确实在进行的感觉，而且是确实掌握状况的感觉，例如"jiwajiwa"（缓缓地）、"jirijiri"（渐渐地）、"jitojito"（拖泥带水地）、"jyojyoni"（逐渐地）等等。

理由在于"ji"的发音体感。在发"ji"这个音时，舌头必须稍微缩起来变厚，同时在此制造细微的震动。细微的震动像渗透一般深入舌头深处。此外，由于舌根两侧变得紧绷，刺激到附近的唾液腺，因此舌头旁边的缝隙会有口水堆积。"ji"的音韵会带来缓缓渗透并逐渐填满的感觉，就是由这两种口腔感觉传递给大脑的印象。

我以前少女时期爱看的《网球甜心》漫画中的帅哥教练宗方仁，还有流行的人气漫画《仁者侠医》中穿越到幕末的脑外科医师南方仁，也都是一步一步从小事做起，最后成就大业的勤恳男人。

在感冒发烧、身体很难受的时候，听到拿药给我们吃的家人说"晚一点就会好多了"，会比听到"很快就会好了"感觉更舒心一些。可能是因为前者的说法不仅呈现出对我们的体贴，也可以让我们感受到对方会一直陪伴自己的诚恳态度吧。

这样一来，九州岛人所说的"晚一点就去做"，是不是在表示"虽然我现在无法马上去做，但一定会放在心上把事情完成"的心意呢？问题不在于时间，这肯定是一种事情会被完成而不会被遗忘的诚意约定。各位九州岛人啊，指责你们动作慢吞吞真是抱歉。

语言就像这样，伴随着与本身意义不同的印象信息，有时品味一下发音的体感也是一件不错的事。

小节
划重点

在感冒发烧的时候，听到拿药给我们吃的家人说"晚一点就会好多了"，会比听到"很快就会好了"感觉更舒心一些。前一种说法不仅呈现出对我们的体贴，也可以让我们感受到对方会一直陪伴自己的诚恳态度。

NO.7

双人舞的领舞者

熟练的领舞者会迅速且优雅地改变舞步，甚至不会让女性意识到自己跳错了。不觉得这跟"一流的丈夫"的定义有异曲同工之妙吗？

这个夏天，时隔三十年我又重新爱上了跳舞。

二十世纪七十年代末期，我还是大学生，那时经常有学生主办舞会。由于地板容易受损，因此开放举办舞会的场地都是蒙着灰尘的老旧讲堂。在新颖的水泥校舍之间，曾经有个异世界存在于那幢看似废屋的木造建筑中。

夕阳西沉，晚风轻拂，轻音乐社的乐团会先从摇摆舞的经典曲目开始演奏。在一路延伸向讲堂的林荫道上，听着断断续续传来的忧伤爵士乐，它是我的最爱。

那天晚上怯生生地朝我伸出手的那些男同学，如今也差不多都五十五岁了……他们肯定已成为公司的高管、社会的中流砥柱了吧。

我所沉迷的是双人合跳的国标舞，也就是所谓的社交舞。例如华尔兹、探戈等等。可能用种类来说比较容易理解。

国标舞是完全由男性主导的舞。男性是负责引导的角色，因此称为领舞者（leader），女性是跟舞者，又称作舞伴（partner）。几乎所有的舞步都是从男进女退开始的，女舞伴甚至不晓得舞场是什么状态。因此，我们只能完全信任领舞者，跟随着他的脚步移动。

英国绅士会说："跳舞就像骑马一样。好的舞伴犹如一匹好马，只要用心关照，就会表现得很顺从、柔和而美丽。"这种话听起来很失礼，但我却不因此生气，毕竟领舞者的工作是非常辛苦的。在跳舞的世界里，男人一样不轻松啊。

在非定型的社交舞中，领舞者必须掌握周围千变万化的状况，同时也必须当场想出适合的舞步才行。"我想要跳旋转步，但那边有点拥挤，所以先跳后退抑制步，再到那里摆好姿势……"在半无意识中，平均每秒就得完成一次这样的判断，而且重点是周围的其他舞者也同时在移动。领舞者脑中设想的不是现在，而是数拍之后的会场状况，否则策略就无法派上用场。

这在脑科学上是一种非常耗神的脑力工作，必须整合运用直觉、想象力以及合理的判断力，所以大脑活性的优劣从跳舞的表现即可直接观察出来。跟能力优越的男性跳舞，根本不会注意到会场有多拥挤。

好了，决定好舞步之后，接下来的责任就是引导女性做下一步动作。由于引导的责任全在领舞者身上，因此即使女性跟舞失败，当然也是领舞者的责任。换句话说，领舞者必须第一时间掩饰女性的失败。熟练的领舞者在这个时候会迅速且优雅地改变舞步，甚至不会让女性意识到自己跳错了。

也就是说，优秀的领舞者在舞会之后会听到舞伴说："今天的场地很宽敞，我的状况也很好，所以你应该也跳得很畅快吧？"如果只是听到舞伴说："多亏你领舞的技巧很好，我才能跳得这么好"，那还只是二流的水平而已。

各位不觉得这跟"一流的丈夫""一流的机器"或"一流的都市"的定义有异曲同工之妙吗？能够把功劳让给妻子的丈夫，或许才是真正有能力的丈夫吧。

此外，经过这番举例说明以后，相信各位就能明白，为什么过去欧洲上流社会如此热衷这种舞蹈了。众绅士使出战略、直觉与极尽忍耐的浑身解数，在会场上修行。就像武士热衷茶道一样，骑士热衷舞蹈。擅长跳舞的指挥官肯定能够巧妙地施展毫无漏洞的战略，负责任的方式也优雅干练，不会歧视女性或质问部下（微笑）。

一流的领导者肯定是相当自然且让人感觉很舒服的人。待人处事顺势而为不强求，但也不会随波逐流。其中的秘诀就是预判趋势，并自行创造出下一波潮流。

事实上，这个世界上真正脑筋好的人，通常都不会被人称赞"脑筋很好"，大部分都是被人说"运气很好"。因为一般人不会预判趋势并自行创造出下一波潮流，毕竟他们就像跳舞高手一样，表现得十分自然。

因此，身为一位领导者，不管是政治家或商业人士，不妨学一次社交舞吧。最好借此培养出勇于负起全责的心态，还有受人称赞时能够谦虚表示自己还有很多不足之处的气度。

唯有被人说"只要跟那个领导一起，事情就会不可思议地顺利"，才是真正的一流领导者。这其中隐含着关于领导者一词的真相。

小节
划重点

能够把功劳让给妻子的丈夫，或许才是真正有能力的丈夫吧。他们就像跳舞高手一样，表现得很自然。

婚姻
与
舞伴

所谓的双人舞，是一种由
男女构成一体的"生物"。
越来越多人把妻子称为
"伙伴"，希望各位务必
做好使用这个词的准备。

既然前一篇写了领舞者，这里也必须写一下舞伴了。

　　年轻时没有注意到，原来所谓的双人舞，是一种由男女构成一体的"生物"。

　　也就是有两个脊柱、两个骨盆、两对手脚、两颗头，一种名为"伴侣"（couple）的架空"生物"，而且主要的脊柱与骨盆是男性那一边的。

　　因此，舞伴必须要有成为领舞者的一些觉悟。也正因为如此，所以才叫partner吧。

　　在我的想象中，那就好比插在花瓶中的花，或放在弓上的弦一样，在领舞者的器量（花瓶、弓）中展现出充满弹性的表现力，那就是所谓的舞伴。

　　话虽如此，要感觉领舞者的脊柱就像是自己的，这是一件十分困难的事。如果想满足于领舞者的兴致而没有任何怨言，更是难上加难。

　　十九年前儿子出生的时候，我经历了一件不可思议的事。

　　当自己的孩子被蚊子叮咬时，我看着他手腕上的红点，同时也感觉到自己身体某处有点痒，好像有小虫在脊柱蠕动一样。那并非发生在某个特定部位，但很明显是来自我的身体某处的真实感受。

我不知道怎样才能停止那种发痒的感觉。困扰了一会儿以后，我轻轻伸手挠了挠儿子的手腕，结果在他露出放松的表情之前，我自己就先从难以忍受的瘙痒感中解脱了。

这种事情在脑生理学上肯定会被说成妄想。

不过这令我深信，母子之间会以某种形式的生理信号远程交流。那一次的体验就是如此真实。

那么，这种把别人身体感觉当成自己感觉的频道一旦打开了，似乎就能够运用在其他地方，这也许就是成为母亲之后的一种天赋吧。

一旦成为人母，就很难对地球另一端孩子生命消逝的新闻，或母亲已经无力拥抱孩子时的身影视若无睹。将一动也不动的孩子抱在怀里的感觉，有时会很真实地传来，令人胸口一紧。成为母亲以后的共感能力，真的超乎他人的想象。

当了十九年妈妈以后，久违地跟一个年龄与儿子差不多的年轻舞者跳舞，我才发现一件事：他的脊柱或骨盆旋转时，感觉就好像我自己身体的一部分在旋转。这不是他的引导所传达过来的，而是一种事先察觉的感受。

当然，他本身从身体内部创造出行动的舞蹈才能，还有足以信赖的个性是主要原因，但我觉得自己这一边也有所成长。上了年纪以后，身体会越来越难以活动，但意识的控制却会变得很丰富。这种一体感过去是绝对无法理解的。

年轻时，在竞技比赛上与其他组选手交手之前，我们其实是在跟领舞者"缠斗"。这件事我直到今日才发现，突然有种不知该说什么才好的感觉。

领舞者抱着负起全责的态度，扮演主要脊柱的角色，而舞伴则抱着成为他一部分的态度，感受他的脊柱与自己的脊柱。

最佳的舞伴关系应该就是这样吧，这是一种多么美好的关系啊。

不过这对情侣或夫妻来说，是不是不太可能呢？

毕竟女性脑对于一起进行生殖行为的对象，存在着把自己摆在第一位的期望啊。因为哺乳类动物是由雌性在胎内孕育后代，产后一段时间也会继续为孩子分泌营养，所以让雌性处于良好的生存环境，才是最为合理的生殖第一条件。我想凭着这样的本能，很难能够理解以丈夫为"主要脊柱"的感觉。尤其在男人不再以命相搏、只为求生的现代日本更是如此。

话虽如此，如果妻子过度主张自己是主要脊柱的话，丈夫在社会上也很难抬头挺胸，多多少少必须让步才行。不过，若是让步让过头了，妻子又会失去活力。这让我越来越觉得，夫妻这种关系果然存在于本能与社会性的夹缝之间啊。

本来是想为夫妻论做个总结，才试着挑战舞伴论的，结果好像站不住阵脚了，因为这种美好极致的伙伴关系，似乎不适合套用在夫妻关系上。

不过对于商场上的伙伴关系，我还是得先说清楚，像这样咀嚼"伙伴"一词的意义，我总觉得商场上的伙伴关系还是不存在平等这回事。

早前还有人推崇双赢等平等互惠的商业伙伴关系，但这个用词莫名让我有种难以接受、很讨厌的感觉。主要脊柱只有一个，这才是这个世界的真理吧？

　　做好以自己为主要脊柱的准备，再加上以对方为主要脊柱的觉悟，我认为唯有在这两者的组合之下，才能够称为"伙伴关系"。

　　最近似乎有越来越多人把妻子称为"伙伴"，希望各位务必做好使用这个词的准备。

　　若以个人喜好来说，比起称呼妻子为"部分"（partner）的人，那些称呼妻子为"上"（kamisan）[①]的人，好像更符合有教养的日本男儿形象，我自己挺喜欢的。

---

　　①　日文中对自己或别人妻子的尊称，其中 kamisan 的汉字写成"上"。

小节
划重点

做好以自己为主要脊柱的准
备，再加上以对方为主要脊柱
的觉悟，或许唯有在这两者的
组合之下，才能够称为"伙伴
关系"。

图书在版编目（CIP）数据

单身是很爽，但还是想吃吃爱情的苦：高质量亲密关系养成指南 /（日）黑川伊保子著；小秋葵译. -- 北京：中国友谊出版公司，2022.9

ISBN 978-7-5057-5495-9

Ⅰ.①单… Ⅱ.①黑… ②小… Ⅲ.①恋爱心理学 – 通俗读物 Ⅳ.①C913.1-49

中国版本图书馆CIP数据核字（2022）第112210号

著作权合同登记号　图字：01-2022-3266

FUFUNOU-OTTOGOKORO TO TSUMAGOKORO WA NAZE KOUMO
AIIRENAI NOKA by KUROKAWA Ihoko
Copyright © Ihoko Kurokawa 2010
All rights reserved.
Original Japanese paperback edition published in 2010 by SHINCHOSHA
Publishing Co., Ltd.
Chinese translation rights in simplified characters arranged with
SHINCHOSHA Publishing Co., Ltd. through East West Culture & Media
Co., Ltd., Tokyo.
Chinese translation copyrights in simplified characters © 2022 by Beijing
Mediatime Books CO.,LTD

书名	单身是很爽，但还是想吃吃爱情的苦
作者	［日］黑川伊保子
译者	小秋葵
出版	中国友谊出版公司
发行	中国友谊出版公司
经销	北京时代华语国际传媒股份有限公司　010-83670231
印刷	北京盛通印刷股份有限公司
规格	787×1092毫米　32开
	8.75印张　150千字
版次	2022年9月第1版
印次	2022年9月第1次印刷
书号	ISBN 978-7-5057-5495-9
定价	52.00元
地址	北京市朝阳区西坝河南里17号楼
邮编	100028
电话	（010）64678009